AF204259

Herbert Seibold

Frauen-und Männerträume
Wellenreiter: Das Leben ist ein auf und ab

www.tredition.de

© 2020 Herbert Seibold.

Verlag & Druck: tredition GmbH, Halenreie 40-44, 22359 Hamburg

ISBN
Paperback: 978-3-347-04033-5
Hardcover: 978-3-347-04034-2
e-Book: 978-3-347-04035-9

1. Atemloser Kuss

Die drahtige Marie aus München durfte mit ihrer früh-pensionierten Mutter Rosi als Kleinkind schon immer wie-der an die Nordsee reisen. Der Hauptgrund war die schwe-re Asthmaerkrankung der Mutter mit Pollenallergie. Marie liebte als Kind die wiegenden Wellen der Nordsee, die er-frischenden Winde und ein empfundenes Lustgefühl bei den Schreien der Möwen. Der Vater ein höherer Beamter war schon früh verstorben. Er hinterließ neben einem tiefen Herzschmerz eine beträchtliche Witwenrente. Trotz ihrer Krankheit hatte Rosi als Alleinerziehende ihre Tochter so gut wie möglich gefördert und immer geliebt. Marie muss-te aber auch selbst schon früh ran und stark sein.

Sie suchte ihre Lebensfreude und einen Ausgleich im Sport und fand ihren Traumberuf, die Physiotherapie. Das Examen bestand sie glänzend und arbeitete danach im Krankenhaus. Sie half aber auch der Mutter im Haushalt mit. Vielleich musste deshalb die Liebe zu einem Mann noch warten. Ihre Freundin Susi hatte ihr von ihrem Freund Max erzählt und wie phantastisch ihr Leben dadurch sich gewandelt habe. „Ach Susi du Glückliche. Ich muss einfach noch warten. Ich bin mir sicher: Der wahre Glückspilz kommt auch noch zu mir."

„Marie aber nicht bis zu deinem vierzigsten Geburtstag warten." Beim Urlaub am Meer vor einem Jahr, der die Atembeschwerden der Mutter wieder schnell linderte, merkte diese aber mit Schrecken, dass sie auch Garnelen und Fischgerichte nicht mehr vertrug und nach weißem Fischfleisch heftige Asthmaanfälle bekam. Sie empfahl da-her ihrer Tochter, nur noch Gemüse und Fleisch zu essen.

"Weißt du-auch meine Mutter litt an Allergien. Ich will nicht, dass du auch noch daran glauben musst. Es ist nur schrecklich." Hing plötzlich Asthma für beide wie ein Damoklesschwert über ihnen? Ein Arbeitskollege lud sie in ein Fischrestaurant ein. „Ich vertrag keinen Fisch", war ihre Antwort und spürte Wut und gleichzeitig Tränen in ihren Augen. „Diese Krankheit schafft nur Distanz", schluchzte sie. Zwei Jahre nach ihrer Ausbildung - da war sie dreiundzwanzig, sagte sie der Mutter mit einem entschlossenen Blick: „Mama ich muss endlich etwas nur für mich selbst machen. Ich möchte diesmal allein an die Nordsee reisen. Zu Hause können sich deine Freundin und eine polnische Hilfskraft um dich kümmern. Die Beiden helfen dir beim Einkaufen und im Haushalt. Du bist ja noch weitgehend selbständig. Ich will mich um eine Physiotherapiestelle in der Klinik auf der Insel Helgoland bewerben. " Die Mutter verstand dies nach kurzem Erschrecken und umarmte sie: „Danke Marie- wir werden täglich telefonieren."

Marie fühlte sich am Meer auf Helgoland wie befreit und joggte schon bei frühem Sonnenaufgang im weichen Schlick des Wattenmeers. Sie spürte lustvoll ihre Zehen und ihren trainierten Körper. Sie fand ihn schön und stark. Auch mit ihrer Mutter war sie schon vor vielen Jahren dort gewesen, wenn auch nur am Hafen. Der Mutter war der Aufstieg zu den Wahrzeichen der Insel, den roten Felsen einfach zu anstrengend gewesen. Klopfenden Herzens reichte sie ihre Zeugnisse für eine Bewerbung an der dortigen Parkinsonklinik ein. Nach einem Vorstellungs-Gespräch wurde sie als Physiotherapeutin eingestellt. Heraus aus dem lärmigen München mit den erhöhten Stickoxyd-Werten wollte sie schon länger. Sie joggte fast lustvoll zu den steilen roten Felsen hoch. Neugierig wollte sie die aus Schottland eingewanderten ihr nur vom Hörensagen bekannten Basstölpel sehen.

Sie schaute fasziniert auf diese Vögel, wie sie Minuten lang mit einander schnäbelten und sich dann entweder paarten oder das Weibchen das Männchen mit einem Schnabelhieb einfach wegstieß.

„Wunderbar", dachte sie, „da kann ich ja noch was dazu lernen. Als Frau bestimme ich ganz allein, wer mit mir schnäbeln darf." Sie wartete allerdings immer noch auf den Richtigen. Das Wohl der Mutter hatte wohl bis jetzt die Glückshormone Serotonin und Oxytocin ausgebremst und sogar deaktiviert? Das Glück kam dann doch noch. Marie verliebte sich in der Klinik in einen Assistenzarzt – er hieß Michael. Michael war ein großer Mann und wie sie knackig, schlank und blondlockig. Er war Friese mit einem ironischen Blick und einem hintergründigen Humor. Sie passten auf den ersten Blick gut zusammen. Beide liebten sie die Natur, das Meer und genossen die Fahrten auf andere friesischen Inseln. Dort wie am heimischen Strand besuchten sie die bekannten Fischrestaurants. Michael fragte sich heimlich schon länger, warum sie nur Vegetarisches oder Huhn bestellte. Marie kam seiner Frage zuvor.

„Michael-ich sehe es an deinem Blick: Du wunderst dich, warum ich keinen Fisch esse. Ich leide an ererbter Fischallergie – so jedenfalls meine Mutter." Er schaute sie erstaunt, aber sogleich auch ironisch schmunzelnd an und dozierte dann sachkundig:

"Allergie ist ein sehr komplexes Phänomen: Genetische und Umweltfaktoren und wo man aufwächst, spielen dabei eine Rolle. Wir klären das beim Allergologen ab. Du bist doch nicht vollständig in die Haut deiner Mutter geschlüpft."

„ Da bin ich gespannt, wie tief verbunden ich genetisch bin?"

„Die Asthmaanfälligkeit wird, wenn nicht beide Eltern betroffen sind, nur zu fünfzehn Prozent von den Eltern auf die Kinder übertragen. Außerdem hast du mir doch erzählt, dass du dich als Kleinkind gerne bei deinem Onkel im Kuh-und Pferdestall aufgehalten hast. Das ist ein Glücksfall. Der wurde – was für ein Zufall-an deiner Heimatstadt München aufgedeckt. Der schmutzige Staub mit den Mikroorganismen und Toxinen in den Kuhställen stimuliert ein schützendes Enzym A20, das das Immunsystem unempfindlicher gegen Allergene macht. Die Immunzellen werden trainiert und verhindern eine Überreaktion auf Allergene. Fachsprachlich heißt das: Natürliche Desensibilisierung."

„Heißt das mit einfachen Worten, dass Bauernkinder ganz selten Asthma bekommen?"

„So ist es. Wir beenden deine Ängste und machen einen Termin beim Allergologen." „Danke!"

„Nichts zu danken. Ich möchte doch mit Genuss mit dir Fisch essen und dich danach küssen dürfen. Außerdem kenne ich das Problem Allergie sehr genau. Es war das Thema meiner Doktorarbeit. Ich wurde sogar für acht Wochen an das weltweit berühmteste immunologische Institut in La Jolla nördlich von San Diego in Kalifornien geschickt." „Du bist ein Glücksprinz." Als die Allergietestung bewiesen hatte, dass sie nicht auf weißen Fisch allergisch war und vor allem auch keinerlei Überempfindlichkeit der Bronchien hatte, küsste sie ihn leidenschaftlich, obwohl er zuvor Krabben gegessen hatte. Marie strahlte noch mehr, als sie selber gierig mit Lust ohne Nebenwirkungen in weißes Fischfleisch gebissen hatte. Sie fühlte sich wie befreit.

„Michael-wie toll. Ich habe mich endgültig von meiner Mutter abgelöst. Das hätte ich ja schon nach der Pubertät tun sollen."

„ In der Tat. Du bist jetzt ganz du selbst und nicht mehr Teil deiner Mutter."

Der eingebildete, von der Mutter inszenierte Albtraum der Nahrungsmittelallergie war vorbei. Sie rief sogleich ihre Mutter an:

"Mama ich bin von der Allergieangst befreit. Ich habe mich durchtesten lassen. Bei mir besteht keinerlei Allergieneigung, keine Überempfindlichkeit der Bronchien und schon gar keine Fischallergie." Die Mutter klang erleichtert: „Toll – da fällt mir ein Stein vom Herzen. Ich fühlte mich schon wegen meiner Gene an dir mitschuldig. Ich hoffe aber, dass du mich weiterhin liebst. Sag mir doch bitte, wann ich dich einmal an deinem pollenfreien Ort besuchen darf."

„Ruf doch einfach an, wann du kommen willst. Dann lernst du auch meinen Freund kennen."

Am Tag darauf zeigte Michael ihr eine Einladung zu einem Kongress nach Saint Paul im US. Bundesstaat Minnesota mit dem Thema: Genetische Aspekte von Asthma bronchiale. Marie überflog die Zeilen: „Da Sie über Parvalbumine als Allergene beim weißen Fischfleisch geforscht haben, bitten wir Sie, dort ihre Ergebnisse vorzutragen.

Flug und Unterkunft sind gesponsert. Für Familienangehörigen können wir aber die Kosten nicht übernehmen." Michaels Stolz konnte Marie an seinen Augen sehen. Sie verbarg die Enttäuschung, nicht mitfahren zu dürfen, hinter einem Lächeln und setzte noch eins drauf. „Wenn Du zurückkommst, habe ich eine Überraschung für Dich." Michael hob kurz die Augenbrauen:

"Ich frag jetzt aber nicht nach. Du wirst doch nicht dem Hype hier verfallen und dich in einen von den muskelstrotzenden Paragliding Trainer verlieben?"

„Michael - wart ab und schau mir in die Augen."

Sie umarmte und küsste ihn leidenschaftlich. Er streichelte ihren knackigen Hintern und flüsterte: "Marie mein Traum. Wie kann ich es ohne dich aushalten?" Michael flog am nächsten Tag nach Amerika. Marie war abends schon eingeschlafen, als er sich von Amerika auf Face Time bei ihr meldete:

„Hi du Schöne-ich bin in einem Hotel außerhalb der Stadt St. Paul gelandet. Für Amerika paradigmatisch ist dort alles riesig: Die Rindersteaks, die Biergläser und nicht zuletzt die Bierbäuche: *America first and very big.* " Eine technische Störung beendete nach diesem Satz ihr Gespräch. Oder war es die CIA? Marie musste über ihre Assoziation selber lachen.

„So was passiert doch nur in China", dachte sie. Am nächsten Morgen zog sie ihre Sportkleider an. Sie hatte eine Woche freigenommen und wollte, wie schon länger geplant, einen Paragliding Kurs machen. Dass Michael im Scherz an so etwas gedacht hatte, hatte sie schon einmal bei ihm erlebt. Er war einfach ein Arzt mit einem siebten Sinn. Sie ging an den Südstrand.

"Ist noch ein Platz fürs Paragliding frei"? fragte sie eine weißblonde ältere Frau in einer hölzernen Servicebude.

„Ja Sie Glückspilz. Gleiten Sie zum ersten Mal oder sind Sie schon advanced glider?"

„Zum ersten Mal!"

„Dann habe ich für Sie den Jens, unseren jüngsten aber sehr erfahrenen Lehrer." Sie winkte dem jungen Mann zu.

„Diese junge Dame will ihren Traum zu fliegen heute noch mit dir erfüllen." Jens kam lächelnd näher und küsste ihre Hand. Das fand sie als Zeichen der Achtung und Wertschätzung. Das war ihr zum ersten Mal passiert. Dies hätte eigentlich eher zu einem schnauzbärtigen schrulligen Alten und nicht zu diesem jungen blondlockigen Burschen gepasst. Sie lächelte ihn wie einen Witzbold an, während sie an den Strand gingen.

"Nur einen Augenblick", sagte er und rannte zu einem Schuppen in der Nähe und kam mit dem Gleitfluganzug für sie zurück. Er passte routiniert die Gurte an. Dass er dabei ihre Brüste nicht versehentlich kurz berührte, sondern diese mit scheinbar völlig unbeteiligter Miene streichelte, brachte sie doch aus der Fassung: „Es soll ein Ausflug in die Lüfte und nicht auf meine Brüste werden."

„ Sorry- War das so schlimm?"

„Ich mag das nicht und sag das nur einmal!" Sein Gesicht zeigte keine Regung und legte jetzt die Gurte an, ohne ihre Brüste wieder zu berühren.

„Los geht es! Wir stellen uns gegen die ansteigende Düne hinter uns und laufen bei der nächsten Windbö los, sodass wir vom Boden abgehoben werden." Marie saß im Tandemsitz vor ihm. Es wurde für sie ein echter Kick. Sie stieß dabei laute Lustschreie aus. Jens steuerte den Gleitschirm am Strand entlang und dann einige Meter auf die See hinaus. Als sie eine Höhe von 30 Meter erreicht hatten, sah sie eine Hallig in der Ferne und eine Fähre. Ihre Seele schwebte mit. Nach dreißig Minuten landeten sie sanft an der Ausgangsstelle. Als er sie von den Gurten befreite, küsste er sie auf den Mund, den sie reflexhaft zudrückte. Seine gierige Zunge suchte wie eine schnelle Eidechse ein Schlupfloch ihre verschlossene Mundöffnung. Sie kickte ihm zwischen die Beine, sodass er zu Boden ging und brüllte ihn an: „Ist das die Bezahlung für deinen Einsatz? Dabei war der Flug so himmlisch. Der Luzifer in dir scheint das leider noch nicht bemerkt zu haben."

„Lasst uns nicht über meinen Luzifer reden, sondern was Leckeres essen. Ich lad dich dazu ein. Dann können wir über alles snaaken."

Marie blieb ärgerlich stehen, war unschlüssig, was sie tun soll und rannte dann abrupt zur Servicestelle. Die ältere Frau schaute sie erstaunt an, als Marie sagte:

"Bitte einen anderen Trainer. Der Jens fasste mir an die Brüste und wollte mich gewaltsam küssen." Die Frau brach in Tränen aus und gestand ihr schluchzend:

„Der Jens ist mein Enkel- ein Vollweise. Seine allein erziehende Mutter ist schon lange tot. Ohne ihn kann ich hier dicht machen. Derzeit ist auch kein anderer Trainer frei." Zurück zu Jens sagte sie:

„Ich gehe nur zum Essen mit, wenn du dich ab jetzt anständig benimmst." Das schluckte er. Sie musste zuerst zur Toilette. Dort schaute sie in den Spiegel und dachte: "Was will ich? Ihn bekehren?- Absurd- Mein verdammtes an der Mutter geübtes Helfersyndrom kommt wohl immer wieder durch! Glaube ich wirklich, dass er sich zu beherrschen lernt? Aber hatte nicht der Philosoph Kant behauptet, Menschen seien von Haus aus nicht böse? Aber Männer sind für mich Neuland. Nur Michael kenne ich und den auch nur ein wenig." Sie fühlte sich wohl auch zu schönen Männern hingezogen.

„Was bedeutet es, dass meine Brustwarzen sich aufgerichtet haben, als er mir den Gurt anlegte?" Da sie ihm körperlich gewachsen war und sich zu wehren weiß, legte sie ihre Bedenken ab. Schließlich war sie auch ziemlich hungrig. Fast war sie wieder versöhnt, als sie das auf einem Steg gelegene romantische Lokal betreten hatten. Jens benahm sich anständig, bestellte ein Lammfilet und hob fröhlich sein Glas mit Rotwein. Marie nahm ein Schollenfilet mit Weißwein. Sie sprachen über ihre Berufe, die ja beide mit Sport und Körperertüchtigung zu tun hatten. Er erzählte, dass er mit seinem Vater zum ersten Mal vor Australien bei New South Wales- im Gleitschirm gesessen habe. Seine Mutter habe er schon früh verloren.

„Mein allein erziehender Vater wurde für mich Freund, Stütze und Lehrer. Leider ist er vor drei Jahren auch schon gestorben."

„Welche Parallele! Bei mir spielte meine Mutter diese Rolle." Aber sie dachte zugleich, warum er denn beim reden immer auf ihren Busen starrt. Sucht er denn bei jeder Frau seine als Kleinkind verlorene Mutter?

Sie sagte ernst: „Jens deine Sucht, Frauen begrabschen zu müssen, ist eine tiefsitzende Neurose und kann nur, das glaub ich fest, durch eine Psychoanalyse gebessert werden."

„Absurde Vorstellung - aber vielleicht fehlt mir tatsächlich die so früh beendete mütterliche Beziehung." Er wirkte jetzt nervös. Seine unruhigen Beine und Finger zeigten die von ihm nicht wahrgenommene innere Spannung. Das Grinsen auf seinem Gesicht passte aber so gar nicht dazu.

„Jens – nur so viel: Frauen wollen respektiert werden und selber Nähe und lustvolle Berührungen mitbestimmen. Bis jetzt hast du mich ja nur geküsst und meine Titten gestreichelt. Das spricht tatsächlich dafür, dass du wie ein Baby zwanghaft deine Mutter berühren willst. Solltest du deinen Trieb penetrieren wollend ins Rollen bringen, wirst du es bitter bereuen. Einmal haben deine Eier ja meinen Kicktritt schon kennen gelernt."

„Du bist wirklich brutal. Danke trotzdem für deine didaktische Einheit. Aber ist nicht jeder – auch du neurotisch?" Als sie darauf nichts sagte, stand er auf, bezahlte an der Kasse für beide und murmelte: „Dann sehen wir uns morgen nach dem Mittagessen."

"Ja nur, wenn du dich im Griff hast."

"Keine Angst, keine Angst Rosmarie."

"Igitt-Du meinst wirklich, dass du mit diesem alten Seemanns - Shanty deine krankhafte Gier wegsingen kannst?" Jens grinste nur blöd und sagte dazu nichts, so dass auch sie aufstand.

"Tschüss Jens- bis morgen." Sie wollte am nächsten Tag nicht noch einmal mit ihm Essen gehen. Vor dem Training am frühen Nachmittag genoss sie in Ruhe ihre neuerliche Lieblingsspeise, ein fangfrisches Rotzungenfilet. Beim Gedanken daran lächelte sie. Sie ahnte jetzt bereits, dass der Jens keinen Fisch vertrug. „Wenn er mir gegen meinen Willen einen Zungenkuss gibt und Folgen spürt, ist er selber schuld." Als sie sich mit ihm traf, hatte sie noch einen intensiven Fischgeschmack auf der Zunge.

„Marie - heute ist ein Glückstag. Wir haben heute mehr Aufwind als gestern. So können wir noch etwas weiter ins Meer hinaus fliegen." Nach dreißig Minuten Flugtraum setzten sie sanft vor der Düne auf.

"Danke Jens für diese herrliche Tour. Er lachte lauthals los und umarmte sie heftig, drückte dann seinen Unterleib an sie– sie spürte deutlich seine Erektion und seine zuckende Zunge fuhr in ihren Mund. Bevor sie ihm zwischen die Beine schlagen konnte, ließ er davon ab und griff sich an den Hals. Seine Ein-und Ausatmung wurde qualvoll pfeifend. "Was ist los?"

"Luft!" Sie nahm das Handy und wählte die 112. Am Strand waren die Sanitäter schnell vor Ort. Sie setzten ihm eine Sauerstoffmaske auf. Als sie die geschwollenen Lippen sahen und gequälte Ein-und Ausatmungstöne hörten, gaben sie ihm unter die Haut eine Spritze mit Adrenalin und intravenös Cortison und ab ging es zur Klinik nur zwei Kilometer entfernt. Marie erfuhr über ihr Telefon, dass Jens auf der Intensivstation gelandet war. Sie besuchte ihn dort und war sichtlich erleichtert, als sie ihn nicht intubiert und sogar lächelnd im Bett sah. Bei ihrem Anblick schlug er die Augen nieder und weinte.

"Danke für deine schnelle Hilfe. Es war wirklich knapp. Hast du denn zuvor Fisch gegessen?"

"Ja warum?"

"Weil ich seit Jahren zunehmend heftiger darauf reagiere. So heftig war es aber noch nie. Ich hätte es dir sagen sollen und beim gemeinsamen Male nicht nur keinen Fisch bestellen sollen."

"Jens nimm es als Schuss vor den Bug. Ich hätte dich aber auch vor mir warnen sollen. Wenn man eine Frau wie mich gierig bedrängt und küsst, kann sie zur giftigen Hexe werden. Du hast wirklich großes Glück gehabt, dass du noch lebst. Anaphylaxie kann wie ein unberechenbarer Virus tödlich enden." Er wurde blass und stammelte nur: "Marie- Verzeih mir bitte. Es war blöd von mir. "

Am nächsten Tag rief er sie mit fröhlicher Stimme an, dass sie weiter üben könnten.

"Du hast mich geheilt. Ich schwör dir, dass ich jetzt zur Vernunft gekommen bin. Wenn du willst, trinken wir nach dem Flug eine ganze Flasche Champagner! Schließlich bin ich dir ja einiges schuldig."

"Du bist ja schnell darüber hinweg gekommen. Hoffentlich gibst du mir keine KO-Tropfen in das Getränk und vergewaltigst mich danach! Sorry, das ist jetzt aber nicht ernst gemeint."

"Du hast recht. Psychische Heilung geschieht nicht in einem Tag. Doch ich bin mir sicher: Ich belästige dich garantiert nie mehr sexuell. Ob das auch für andere Frauen gilt, bin ich mir nicht so sicher. Da brauch ich wohl tatsächlich eine lange Psychoanalyse."

" Schade – ich glaubte schon an eine endgültige Wunderheilung. Aber die gibt es wohl nur im Märchen. In Zukunft aber Vorsicht! Einer Frau siehst du von außen nicht an, ob sie Fisch oder Fleisch gegessen hat. Ich selbst verzeih dir. Du bist jung, wahrscheinlich lernfähig und ich find dich einfach sympathisch. Du bist ein guter Lehrer."

„Marie - Danke!" Sie sah seine Tränen. Nach einer Woche konnte sie allein mit dem Schirm fliegen. Als Michael vom Kongress zurück kam, nahm sie ihn an den Strand mit, mietete einen Gleitschirm und flog jubelnd vor seinen staunenden Blicken über das Wattenmeer. Zurück flüsterte sie ihm ins Ohr: "Bin ich jetzt deine geheimnisvolle Meerjungfrau geworden?"

„Marie du bist einfach mein Lebenstraum. Weißt du was? Ich kaufe für uns sofort einen Schirm und du bringst mir das Fliegen bei."

Von der Belästigung durch Jens erzählte ihm Marie nichts. Auch Meerjungfrauen haben ja schließlich ihre Geheimnisse.

2. Frühlingsträume - Erwachen im Sturm

Noch ahnen die stachligen Stämmchen und Triebe der Rosen nichts von ihrer roten erotischen Fülle, den samtenen Blütenblättern und der geheimnisvoll duftenden verborgenen Tiefe, nur von den langen Rüsseln der bunten Schmetterlinge erreichbar.

Sturmtief Cynthia oder Sabine wütet gerade ihren Zorn aus über das weite Land gierig nach Opfern. Die Rosenstämmchen die tapferen stemmen sich biegsam dem eisigen Winde entgegen, ein Kampf mit rhythmischem Nachgeben und stachliger Abwehr.

Der Kampf dauert nicht ewig und der nahende saftige Frühling gewährt ihnen Hoffnung und Siegesgewissheit über die eisigen Winde. Die Triebe der Stämmchen schlummern nicht wissend um ihr genetisch gesichertes Erbe und dem verborgenen Reichtum, der gelockt wird von den wärmenden und werbenden Strahlen der rosenfingrigen Eos.

Der Frühling ist nah, zaghafte fast schüchterne Zeichen von künftiger Fülle und Wachstum - ein erfüllbares Versprechen.

3.Lauschen und Spüren

Als Wanderer im nahenden Frühling saß ich still in einer Lichtung eines Waldes.

Mich störten keine Worte. Nur zwitschernde Vögel und huschende Geräusche in den wogenden Wipfeln der Bäume waren zu hören. Die bunten Schnäbel hatten sich ständig etwas zu sagen. Es klang friedlich, fröhlich und nicht einmal fordernd fast wie bei Liebenden.

Dann aber traf ich am Waldesrand auf Menschen, die saßen auf Bänken-- vor sich die Stimmung weckenden Krüge - Bierstimmung mit jähem und lautem Lachen aus den harten Gesichtern.

Warum aber waren ihre Stimmen nicht Neugierde erweckend wie die Laute der zwitschernden Vögel.

Haben wir die Filter verloren, um wieherndes Gelächter und Schnattern in Wohlklänge zu verwandeln? Selbst Pferde auf der Weide besitzen diese Wohlklang- weckenden Filter nicht nur die Stuten, wenn sie im Frühling das Liebeswiehern der Hengste vernehmen.

4. Frühlingsübergänge

Windraunen in den Zweigen der Bäume- die ersten Triebe schon knospend - ein Frühlingslächeln auf den Gesichtern der Menschen, schon Abschied nehmend vom kalten Wind und den beißenden Flocken des langen Winters. Die Frauen tauschten schon die wattierten Mäntel und wollenen Hüllen in luftige Blusen und trugen hellblaue flatternde Jacken, um die anmutigen Körper zu schützen.

Ich saß ganz still auf einem Bänkchen, das Gesicht der Sonne entgegen. Es gab ja nichts zu versäumen, denn die Zeit stand wie still, nicht vom Zeiger der Uhr diktiert, sondern vom Klang der Vogelstimmen, die morgens andere Melodien als abends erprobten. Oh wie liebte ich diese milde Luft und die Bläue am Himmel. Das schwindende

Licht ließ mich hinübergleiten ins Traumland. Doch was für ein Erwachen aus lieblichen Träumen! Der Wind war jetzt grollend schmerzhaft und in der Luft tanzten nicht Schmetterlinge, sondern kreisende Schneeflocken vom graudunklen Himmel.

Eine Schneeflocke tanzte auf meine Nase unversehens und kalt. Der Wind drehte und blies jetzt die Flocken in mein verträumtes und erstauntes Gesicht.

Da blieb mir nur die Flucht. War es schon abends oder hatten wir erst spätnachmittägliche Stunde? Mein reflexhafter Blick galt wieder der Uhr- ein jähes Frühlingserwachen zurück in den Winter, der doch längst überwunden mir schien.

5. Frühlingssignale der Vögel

Es sind die Vögel und nicht der Kalender der Menschen, die mir den Frühling verkünden: Das helle Zwitschern, das unbändige Klopfen des Spechts und der Schrei der Wildgänse auf ihrem Wege nach Norden. Die Schnäbel recken sich in die kühle Luft und zwitschern unbekümmert in die Schneeflocken und die Kühle des Windes. Die Schwanzfedern zittern vor Ungeduld in Erwartung der Wärme des Frühlings. Sie glauben an die Schönheit der Liebe und die verführerische Form der Rosenblätter und ihrer betörenden Düfte. Die Singvögel können es schon spüren. Sie gleiten durch die sanften warmen Winde. Es fehlt ihnen die Ungeduld der heftig schlagenden Flügel der Turmfalken. Der Specht erprobt schon jetzt sein lautes Klopfen, um die Insekten und Larven zu locken.

Natürlich hört Frau Specht genau auf den Ton, ob dies auch der richtige Klopfer für ihr weiteres Leben sein kann. Die Hormone wecken die Lust zu leben und sich zu vermehren. Die Wärme lockt nach der dämpfenden Kälte des Winters sanft die Begierden des Frühlings.

6. Ausflug von Salerno nach Paestum

Oh singe mir Muse vom Land, das die alten Griechen und Römer bebauten. Paestum diese Stadt, von den Göttern gesegnet und zu ihrer Ehre errichtet. Dorische und Ionische Säulen trotzend dem Beben der Erde und Halt gebietend den barbarischen Eroberern, zeugen auch heute noch von der scheinbaren Kunst, mit menschlichen Kräften Unglaubliches zu errichten. Oh könnten wir Nachgeborenen doch lernen aus den Fehlern der Alten, die die Wälder und Haine abholzten, zu bauen die Galeerenschiffe zur Vernichtung der selbsterfundenen Feinde. So entstanden statt Wälder die Sümpfe und mit ihnen verderbliche Krankheiten, wie die totbringende Malaria, die die Menschen für Jahrtausende vertrieben hatten.

Jetzt nach 2500 Jahren eine noch entsetzlichere Gier der kriminellen machtbesessenen Clans der Camorra, die todbringende Tonnen von Giftmüll der Erde übergaben, zu gewinnen schnöde Millionen von Euro mit dem Preis, die dortigen Kinder in das Verderben von Krebs und Tod zu schicken. Warum sind die Menschen dort so ohnmächtig wie vor der Ungewissheit vom Virus Corona?

Warum darf die globale Gier der weltweiten Umweltzerstörer, die Macht und Geld in die Hände von wenigen spielen, das Protokoll von Kyoto missachten und verhöhnen. "Yes we can" ein Urschrei der Lüge und des feigen Zurückweichens vor der Lobby der machtgeilen Banker und Unternehmer als Usurpatoren der Märkte. Wie lange noch müssen auch Brasiliens Indigene brüllen vor Hunger und Wut ob der Zerstörung der Regenwälder. Wie lahmgelegt scheint das Gedächtnis der mächtigen Politiker, wie wenn die Synapsen der Hirne schon vergiftet wären und sie deshalb die Zeichen des wandelnden Klimas missachten und vergessen.

Wenn wir einfachen Wanderer dieses geschichtsträchtige Land um Salerno durchschreiten, vertreiben wir nur kurz die düsteren Gedanken, freuen uns an der Wärme der Frühlingstage und der Schönheit der Landschaft und der göttlichen Tempel. Heute dürfen wir in der nahen Osteria genießen die Früchte der Ceres und reuelos die Genüsse des Bacchus schlürfen, zu beleben die Heiterkeit der Seele. Oh Dank ihr Götter, dass ihr unsere Reise dorthin so fürsorglich beschirmt habt.

7. Ist Nähe auch nach Seelenqual möglich?

Ich kam ganz schön verstört aus dem Treffen mit meiner Frau Rosie. Es sollte ein schöner Tagesausklang an einem angenehmen Sommerabend werden. Vor einer Stunde hatten wir uns traditionell zum Essen verabredet. Zwanzig Jahre Ehe mit vergnüglichen Momenten, aber auch mit Krieg und Frieden hatten wir schon hinter uns gebracht. Versöhnung war kein Fremdwort. Kann da ein plötzlicher Exit oder „ Frexit " - ein unerwarteter Frauenaustritt passieren? Dabei nannten wir unsere Ehe zu Beginn doch „Liebe auf den ersten Blick."

Wir hatten uns in einem vornehmen Lokal mit französischer Küche getroffen. Die Stimmung zwischen uns schien ausgeglichen zu sein. Aus der Küche strömte ein angenehmer Duft von exotischen Kräutern. Meine Frau kannte die besten Restaurants der Stadt. Nachdem jeder über seinen Tagesablauf erzählt hatte - sie ist Oberärztin im Krankenhaus - ich habe eine eigene Praxis für Innere Medizin- stockte das Gespräch ein wenig. Da lächelte sie mich plötzlich auffallend theatralisch an und verkündete mit gepresster Stimme: "Ich glaube, dass wir uns trennen sollten und auch keinen Kontakt mehr pflegen sollten." Danach stand sie auf, gab mir einen flüchtigen Wangenkuss, der einen roten Lippenfleck hinterließ und marschierte mit energischen hüftschwingenden Schritten davon. Giftige Kröte dachte ich zuerst doch ziemlich irritiert. Rosie liebte schon immer dramatisch inszenierte Auftritte. Sie fuhr mit kreischenden Reifen meines Mercedes davon und ich musste deshalb die Tram nehmen. Ganz schön schlimm für einen zweiundsechzig Jahre alten Mann! Die Wohnung läuft zum Glück notariell besiegelt nur auf meinen Namen. Da müsste sie mich schon mit einem raffinierten Gifttrunk umbringen, wenn sie die unter ihre Klauen bringen wollte. Wahrscheinlich ist sie jetzt zu unserer Ferienwohnung am See gefahren. Trifft sie sich dort mit ihrem Liebhaber? Ich verschob diesen Gedanken und verdrängte vorerst die Tragik. Auf der Rückfahrt zu unserem Haus saß in der Tram mir gegenüber eine Frau um die vierzig mit braunen Augen, vollen Lippen und schwarz gewellten Haaren.

An einer Leine hielt sie einen kleinen weißen Rüden, der mit weiten Pupillen zu mir hochsah und sofort in Verteidigungsstellung die Zähne fletschend zu knurren anfing. Sie selbst blickte auf ihre Sneakers. Ihr Parfüm vermutlich von Hermes fand ich angenehm. Aber warum hatte sie so verkniffene Lippen? Konnte sie auch richtig lächeln? Wahrscheinlich nur kurz. Ihre Lippen machten manchmal zuckende Bewegungen. Hatte sie ein Problem? Glücklich war sie wohl nicht, dachte ich. Ich weiß nicht, was dann in mich gefahren war. Ich fragte sie, dabei unsicher auf den Boden blickend: „Guten Tag Madam-heitert ihr Knurri sorry ihr knurrender Hund sie auch manchmal auf und ist er ihr einziger Begleiter und Freund? "

„Junger Mann ich bezweifle, dass sie darauf eine Antwort erwarten wollen. Außerdem sehe ich, dass sie trotz ihrer fortgeschrittenen Jahre auch kein Womanizer sind. Dann müssten sie mir zumindest in die Augen schauen können." Jetzt lächelte sie breit und ging sogleich auf weitere Konfrontation: „Wenn ich Sie aber so anschaue, sehe ich leider eine unendliche Traurigkeit in ihren Augen, auch wenn mir Ihr Mund krampfhaft das Gegenteil vorspiegeln will. Was macht Sie denn so traurig?" Ich war perplex, saß einen Moment mit offenem Mund sprachlos da und fragte dann doch voller Neugierde: „ Sind Sie Psychologin oder sogar Hellseherin?"

„Weder noch. Ich interessiere mich einfach für Menschen und ihre Körpersignale. So verstehe ich auch etwas von der Körpersprache." Ihr Akzent hatte etwas Osteuropäisches. Vielleicht kam sie aus Polen,

Ungarn oder aus dem Kosovo. Ich fragte sie nicht nach ihrer Herkunft. Stattdessen verriet ich ihr überraschend den Grund meiner eigenen Traurigkeit:

„Sie haben recht. Es ist mir gerade etwas sehr Trauriges passiert. Meine Frau hat mich gerade nach zwanzig Jahren Ehe ohne vorherige Ankündigung verlassen. Das muss ich jetzt erst mal verdauen. Ich ahnte allerdings seit einem Jahr schon etwas Dubioses. Sie war distanziert und irgendwie kalt geworden. Wir haben nie über diese unklare Distanz gesprochen." Der Hund bellte jetzt so laut, dass die Mitreisenden ärgerlich aufschauten. Sie streichelte ihn und flüsterte: „Benny-du musst doch nicht eifersüchtig sein. Ich verlass dich doch nicht und liebe dich doch wie immer."

Jetzt lachten einige Fahrgäste. Dann schloss sie die Augen, griff in ihre Handtasche und reichte mir ihre Visitenkarte.

„Ich muss bei der nächsten Station aussteigen. Wenn Sie Lust haben, können wir ja telefonieren. Ich würde mich freuen, wenn wir uns bei einem Glas Wein treffen und miteinander reden würden." Die Tram hielt. Sie stand auf, nahm ihr Hündchen, das mich jetzt schon friedlicher anschaute, auf den Arm und winkte mir beim Abschied zu. Ich sah sie nur verschleiert, weil ich plötzlich Tränen in den Augen hatte. Es ging mir wohl alles zu schnell wie in einem Kurzfilm. Zu Hause griff ich nach einer Rotweinflasche und ließ mich in den Sessel fallen. Alles an diesem Tag ging mir sehr nahe. Das plötzliche Verlassen werden und die ungewöhnliche Begegnung mit der schönen dunkelhaarigen Frau, die sich spontan mit mir treffen wollte. Komisch- war ich denn noch attraktiv oder glaubte sie, dass ich ein vermögender Mann sei und interessant? Ich schlief trotz des guten Barolo in der folgenden Nacht nicht gut, obwohl das Bett mir jetzt ganz alleine gehörte,

kein Schnarchen zu hören war und die Erschütterungen der Matratze durch die unruhigen Beine meiner Frau ausblieben. Ich träumte allerdings unerwartet romantisch. Nicht meinem Alter entsprechend. Eine Frau mit wellenden Haaren saß neben mir am Steuer einer Hochsee Jacht. Der Kurs bei Morgengrauen war Ost-Südost mit einer orangeroten Sonne voraus. Undeutlich war ein flaches Ufer mit Palmen zu sehen. Durchaus paradiesisch und unwirklich. Trotz des kurzen Schlafes war ich erfrischt und konnte fast beschwingt zu meiner Praxis fahren.

„Wir haben heute viele angemeldete Patienten", empfing mich meine Praxishelferin. „ Sie sehen aber so jung aus, dass Sie das leicht schaffen. "

„Danke- sieht man mir mein Alter heute nicht an?"

„Sie wirken auf mich nie wie ein alter Mann Herr Doktor und riechen auch nicht wie viele alte Männer."

Ich kannte ihre erfrischende Direktheit. Lächelnd dachte ich: "Die hat aber jetzt nicht auch noch ein Auge auf mich geworfen?" Da unterbrach der Eintritt eines Patienten meine abschweifenden Gedanken. Es war ein geriatrischer Fall. Damit konnte ich umgehen. Der Patient hatte Schwindel und Sturzneigung. Ich machte die üblichen Geh-und Balancetests und überwies ihn wegen des Schwindels zum HNO-Arzt. Vielleicht lag die Ursache ja am Innenohr. Am Abend ging ich ins Kino, um mich abzulenken. Den Film: „Schlaflos in Seattle" hatte ich schon einmal gesehen. Er passte nach dem enttäuschenden Ehedrama zu meiner jetzigen Stimmung. Die einsame verwitwete Hauptfigur im Film bekommt nach einem Radioauftritt massenhaft Post von weiblichen Verehrerinnen. Danach ging ich gegen meine Gewohnheit in eine Bar und genehmigte mir zuerst einen Mojito und gleich danach noch eine Margarita. Ich spürte, dass ich jetzt fast unendlich viel Zeit nur für mich hatte.

"Zeit für eine neue Liebesgeschichte? Auf in den Kampf Torrero!", dachte ich und verwarf diese absurden Gedanken sofort wieder. Es war spät geworden. Eines war klar. Ich brauchte Distanz zum Geschehenen und Bedenkzeit. Das Wort Ambivalenz kannte ich bisher nur als abstraktes Wort. Das dabei quälende und unsichere Gefühl mit unruhigen Beinen war mir neu. Soll oder kann ich in nächster Zeit überhaupt Nähe wieder zulassen? Und dann noch weibliche Nähe. Vielleicht sollte ich mir selber näher kommen. Ich dachte aber nicht an eine Psychotherapie mit Selbstfindung. Meine Arbeit im Beruf hilft mir über den Seelenschlag hinweg. Im Verdrängen war ich ja echt gut. Schließlich rief ich nach einer Woche doch kurz vor sechs Uhr abends die Jasmin, wie die Unbekannte laut Visitenkarte hieß, an. Ich hatte zuvor einen Tisch im Restaurant „Bei Mario" bestellt. Bei meinem Anruf lachte sie kurz auf und sagte mit ihrer warmen Stimme, dass sie sich sehr darüber freue.

„Ich habe gar nicht mehr damit gerechnet. Wie vornehm muss ich mich kleiden?" Ich sagte ihr, dass ich einen Tisch in einem nicht übervornehmen italienischen Lokal reserviert habe. Ich selber trüge nur ein blaues grobes Jackett, eine graue Hose und ein hellblaues Hemd ohne Krawatte. Ein normales Sommerkleid sei für sie OK.

Sie kam pünktlich mit einem Lächeln. Sie hatte einen roten kurzen Rock und eine gelbe Bluse an. Die Stöckelschuhe waren aus rotem Leder. Das Hündchen hatte sie wie beim Abschied auf dem Arm. Ich bestellte einen Prosecco und Mineralwasser. „Auf Ihr Wohl Jasmin. Ich heiße Armin. Trinken wir auf unsere Begegnung in der Tram! Diese Premiere hat ihr Knurri ja inszeniert. Also trinken wir auch auf Benny und auf unsere Freundschaft." Während wir ein Rotzungenfilet aßen, unterhielten wir uns über unsere Berufe und Hobbies. Sie jogge und schwimme gerne und reise an warme Meeresstrände also ausgenommen Nordsee. Von Beruf sei sie Zahnarzthelferin und seit zwanzig Jahren in Deutschland. Alles sei hier trotz schlimmer Erlebnisse im Krieg leicht gewesen, weil sie vorher schon am Goethe Institut Deutsch gelernt hatte und nach der Flucht in Deutschland die Realschule besuchen konnte.

„ Wegen der gelungenen Integration müsste ich eigentlich glücklich sein."

„Weshalb sind Sie geflohen"?

„Über meine Erlebnisse vor der Flucht lasst uns heute bitte nicht sprechen. Nicht bei diesem köstlichen Mahl. "

Es scheint was Ekliges gewesen zu sein, weshalb ich nur sagte: „Ja treffen wir uns morgen Abend um 19.00 am Eingang zum Stadtpark. " Ich freute mich und brachte einen kleinen Champagner mit zwei Gläsern mit. Sie kam diesmal ohne Hund. Auf einer Bank suchte sie meine Nähe, ergriff meine Hand und sagte schluchzend: "Im Traum habe ich immer noch diese schrecklichen Bilder von damals vor Augen. Ich habe schon zwei Verhaltenstherapien hinter mir. Trotzdem habe ich noch Albträume der schrecklichen Erlebnisse. Serbische Soldaten sind 1999, als ich sechzehn Jahre alt war, in unser Haus eingedrungen und die Eltern und den Bruder vor meinen Augen erschossen. Ein fettes stinkendes Schwein ist dann über mich hergefallen, während die Begleiter dazu eklig lachten, weil er seinen Schwanz nicht steif bekam. Dann bin ich auch noch von zwei weiteren Soldaten vergewaltigt worden. Warum verlässt mich diese grässliche Erinnerung daran nicht?"

„Sowas bleibt lange im Gehirn. Auch viele KZ-Opfer konnten erst viele Jahrzehnte später davon sprechen. Vielleicht ist es aber auch Zeit für die Nähe mit einem Mann, der Sie liebt und so mithilft, das Schreckliche zwar nicht auszulöschen, aber zu mindern." Sie umarmte mich daraufhin unerwartet heftig und küsste mich. Es war der Beginn einer innigen Freundschaft. Ich liebe Jasmin seit einem Jahr und sie liebt mich.

Vielleich gelingt es auch mir, Abschied zu nehmen von meiner Ehe. Ich weiß, dass auch dieser Prozess Zeit braucht und nicht durch Verdrängen gelingen kann. Demnächst werden wir einen Urlaub nach Montenegro und dem Kosovo antreten. Sie wollte mir schon lange die dortigen romantische Berge und das Meer zeigen. Die Erinnerung an die schrecklichen Vorkommnisse im Krieg kann vielleicht für sie so Vergangenheit werden und auch ich kann meine Ex langsam vergessen und nur noch an die guten Momente von damals denken.

8.Hochstapler wider Willen - Ich falle jetzt nicht mehr tiefer

Als die Oma den siebenjährigen Benno fragte, was er mal werden will, kicherte er und sagte: „Ich will hoch hinaus."

„Das ist aber ein steiler Weg", warnte sie lachend und ergänzte: „Hoffentlich fällst Du dabei nicht. Aber keine Angst. Wenn ich kann, bin ich bei dir."

Die Oma wusste, dass kleine Kinder hoch hinaus wollen. Kinder steigen einfach gerne an Spielplätzen auf Leitern, auf Rutschen und genießen den Blick hinab auf die Köpfe der anderen. Die Oma belehrte den Benno noch: "Das über den anderen triumphieren können wird in der Schule aber manchmal abrupt beendet, wenn bösartige Mitschüler deren Schwächen wahrnehmen oder aus Neid."

"Das kommt für mich doch nicht in Frage Omi."

Benno wurde aber tatsächlich wegen seines Übergewichts und seiner Unsportlichkeit verspottet und erniedrigt. Der Mathelehrer in der Dorfschule verhöhnte ihn regelmäßig vor der Klasse:

„Mit solchen dicken kurzen Fingern wirst du niemals richtig rechnen lernen. Da kann dir auch keiner helfen."

Als Benno dies seinen Eltern erzählte, fiel deren Kommentar drastisch aus: „Dieser Schweinekerl hat im Krieg einen Granatsplitter vorne ins Hirn bekommen. Das hat ihn psychisch so verändert. Er wurde arrogant, herzlos und ohne Empathie. Wir kannten ihn so vor dem Krieg nicht."

Als Benno vom Lehrer wieder einmal vor der gesamten Klasse erniedrigt wurde, schrie er: „Sie wollen mit diesem Eisenteil im Kopf Lehrer sein? Mein Vater wird beim Direktor Ihre Entlassung fordern, weil Sie im Oberstübchen nicht ganz dicht sind." Das mit seinem Vater war natürlich gelogen, saß aber trotzdem tief. Seitdem ließ ihn der Lehrer links liegen und bestrafte ihn mit noch schlechteren Mathe Noten. Doch dann bekam Bennos Vater einen Verwaltungsjob in der nahe gelegenen Kreisstadt und Benno kam auf eine andere Schule. „Alles wird gut", pflegte die Mutter seither zu sagen bis - ja bis der Vater mit dem Fahrrad verunglückte, eine schwere Kopfverletzung erlitt, zum Pflegefall wurde und nur noch eine spärliche Rente statt eines guten Gehalts bekam. Die Familie musste mit nun deutlich weniger Geld auskommen. Auch die Großmutter war schon tot. Dabei hatte sie doch Benno versprochen, ihn immer zu unterstützen.

„Scheiße", sagte Benno zu seinem Freund Max. „Ich muss mit 13 Jahren meiner Mutter helfen und auch in der Landwirtschaft beim früheren Dorfnachbarn im Stall arbeiten. Warum? Was habe ich verbrochen? Jedenfalls können wir uns kaum noch treffen."

„Ach Benno-mir fällt schon was ein, wie du ohne große Anstrengung zu Geld kommst." „Etwa auf den Strich gehen? Oder Drogen verkaufen?"

„Du spinnst. Ich sehe, dass du nicht in der Stadt aufgewachsen bist."

Bennos Mutter Rosie musste als Putzfrau Geld verdienen und das war eher spärlich. Da war es vorbei mit Gymnasium und späterem Studium. Der einst hell gewordene

Horizont war wieder grau geworden. Die Morgenröte ließ auf sich warten. Er besuchte jetzt mit dreizehn die Realschule, die für sein Leben am realsten erschien. Zum ersten Mal hatte er auch Freunde, die lustig waren und einer davon war Max, der auch noch kiffte. Dessen Vater war Bankdirektor. Benno wurde von Max zu einer Party in das Haus seiner Eltern eingeladen. Die Eltern waren kurz mal weg. Er lernte durch die Einladung eine ganz andere Welt kennen. Eine, von dem er keine Ahnung gehabt hatte: Das Leben der Begüterten, die den Kopf hoch trugen, nach Parfüm rochen, Goldschmuck um den Hals trugen und auf andere herabschauen konnten. Er lernte dort auch ein Mädchen kennen, die wie ein Model aussah und ihm zuflüsterte: „Bello mio, ist dein Vater Bankdirektor?"

Benno log: „Fast! Er ist leider vor dem Aufstieg verstorben."

„Dann musst du ja das werden, was ihm verwehrt geblieben ist."

„An deiner Seite könnte ich mir das schon vorstellen", antwortete er und wunderte sich über solche noch nie ausgesprochenen Worte. Daraufhin stießen sie bei einem Glas Sekt an. Sie sah ihm dabei in die Augen und flüsterte: „Ich heiße übrigens Felizitas. Du kennst ja die Übersetzung. Die Zukunft bringt uns vielleicht wirklich Glück."

"Oh Felizitas- deinen Optimismus hätte ich gerne."

"Nur so kommt man weiter Bello."

„Fängt so die Liebe an?", grübelte Benno, strahlte sie an und ging zu seinem Freund Max weiter, als ein anderer

Junge sie zu sich zog. Max müsste ja das Mädel kennen. Der grinste, als Benno ihn ausfragte.

„Weißt du ahnungsloser Grünschnabel nicht, dass ich dieses girl zehnmal gevögelt habe. Die trieb es aber nicht nur mit mir. In ihrem Kopf ist schon ein ganz konkretes Muster: Sie sucht einen reichen erfolgreichen aber auch sexgierigen Mann. Wenn du diese Eigenschaften besitzt, dann nur ran an den Speck! Ihre Eltern sind übrigens auch nicht arm."

„Da hab ich aber keine Chance. Wie du weißt, bin ich arm, erfolglos und Sex kenn ich nur als abstraktes Wort."

„Das kriegen wir hin. Nur Geduld oder wie die Massai-Krieger sagen: Pole - Pole also: Alles mit Geduld. Mein Vater gibt auch mir nur ein lächerliches Taschengeld. Da kann ich auch nicht bei den Mädels auftrumpfen. Wenn ich aber mit Drogen deale, komme ich ganz anders daher und gut über die Runden."

Benno schüttelte den Kopf: „Sowas könnte ich nicht. Man würde bei mir auch sofort draufkommen. Ich kann mein Gesicht nicht verstecken. "

 Benno ging vorerst verstört nach Hause. „Ist denn der Max noch zu retten? Hat einen reichen Vater und entwickelt sich zum Dieb. Das passt doch nicht und bringt ihn höchstens ins Gefängnis. Da helf ich lieber meiner Mutter."

„Wo bist du denn so lange geblieben mein Sohn?"

„Och nur auf einer Party meines Mitschülers Max. Ich wollte doch mal sehen, wie und wo die Reichen vom Nordviertel leben."

„Es tut mir leid Benno, dass ich dir kein Fürstentum bieten kann. Aber dass wir uns gegenseitig stützen können, ist doch ein großes Glück. Hast du nicht gesehen, wie viele der Superreichen unglücklich dreinschauen."

Er nickte nur und half ihr in der Küche und richtete dann seine Schultasche her. Sein Gesichtsausdruck war dabei ein wenig traurig. So mochte er sich nicht. Er stieg auf den Stuhl und schaute in den Spiegel und probierte eine andere Mimik. Dazu schob er seinen Kopf in den Nacken, grinste wie ein arroganter Macho und sagte:

„Da Mama hast du tausend Euro fürs erste. Morgen gibt's mehr." Jetzt musste er aber wirklich über sich selber lachen. Während Max einmal beim Dealen erwischt wurde, eine Verwarnung vom Schuldirektor bekam und nur mäßige Schulnoten hatte, neigte Bennos Zeugnis im Schnitt mehr zu eins als zu zwei. Auch in Mathe war er gut geworden und kein Hindernis fürs Weiterkommen. Der Klassenlehrer an der Realschule holte ihn zu sich und sagte strahlend, dass er bei diesen Noten durchaus auf das Gymnasium wechseln könnte. „Dafür müsste ich aber einen weiten Schulweg auf mich nehmen. Ich hab nicht einmal ein Fahrrad."

„Kein Problem. Ich habe ein Tourenrad, das ich aber nicht mehr benutze. Das schenk ich dir."

Benno bedankte sich und war ob dieses Geschenks verblüfft und beglückt. Nach den Ferien ging er aufs Gymnasium. Fahrrad fahren fand er toll. Er wunderte sich nur, dass die Autofahrer beängstigend nahe an ihm vorbeifuhren, besonders an engen Baustellen, die es seit kurzem auf Bennos Schulweg gab. Er hatte Angst, überfahren zu werden. Da müsste doch ein neues Gesetz her, das selbst in einer Autostadt einen Mindestabstand von eineinhalb Metern vorschreibt. Der neue Bürgermeister wollte wohl durch die vielen Baustellen aus seiner Stadt ein Vorzeigeobjekt machen. In seiner Klasse - er war mittlerweile sechzehn Jahre alt - gab es eine Syrerin mit Kopftuch, die hervorragend Deutsch sprach, gute Noten mitbrachte und ihn anstrahlte.

Sie lächelte überhaupt öfters als die anderen Mädels, was ja bei ihrem übersetzten arabischen Vornamen Basma kein Wunder war. Bei Google las er die Übersetzung: Das Lächeln. Er lud sie zu einem Eis beim Italiener ein. Er nahm Stracciatella und schlug ihr Haselnuss vor. Sie gestand ihm: „Benno es tut mir leid. Ich leide leider an Nussallergie."

„Dann nehmen wir Mango". Sie strahlte ihn an und sagte, dass sie es selber zahlen wolle. „Kommt nicht in Frage. Keine Widerrede." Als er sie aber öfters eingeladen hatte, stellte er fest, dass sein Taschengeld aufgebraucht war.

Also noch öfters beim Bauern aushelfen und in dem griechischen Restaurant „Odysseus" beim Home Service mitmachen. Jetzt reichte sein Verdienst sogar, um seine neue Freundin zum Essen einzuladen. Er erfuhr, dass sie allein lebte, da ihre Eltern und Brüder bei einem Bombenangriff auf Aleppo umgekommen waren. Sie war nicht im Haus, weshalb sie überlebte und fliehen konnte. Der Vater hatte einen Lehrerjob am Goetheinstitut, was die guten Deutschkenntnisse seiner Tochter erklärte. Benno fand es unglaublich, wie Basma bei ihrer so schrecklichen Vorgeschichte so gut zu Recht kam und das Unglück für ihr eigenes Weiterkommen verlachen konnte. Benno ging bei seinen außerschulischen Nebenjobs an seine Grenzen. Er wollte seine neue Bekannte so richtig verwöhnen. Dann geschah es. Auf dem Weg zum Bauern in der Dämmerung erwischte ihn beim Rechtsabbiegen an einer Kreuzung ein Lastwagen. Er war sofort bewusstlos. Auf der Intensivstation wachte er nach zwei Tagen auf und war, zum Erstaunen der Mutter und seiner Freundin, die ihn täglich besuchte, auffallend heiter, wie wenn er seinen Zustand gar nicht wahrnehmen könnte. Der Stationsarzt zeigte ihnen Röntgenbilder vom Kopf. Das Stirnhirn sei eingeblutet gewesen, weshalb eine Operation nötig gewesen sei.

„Können Sie sich an den Unfallhergang erinnern?", fragte der Arzt.

„Nein. Ich weiß nur, dass ich zum Bauern ins Dorf fahren wollte. Wie lange war ich denn bewusstlos?"

„Oh nur zwei Tage. Das Gute ist, dass sie wohl alles bewegen können und jetzt hellwach sind."

„Ich fühle mich aber gar nicht verletzt. Ich glaube, dass ich durch den Sturz sogar gescheiter geworden bin", entgegnete daraufhin Benno mit etwas zu lauter Stimme, sodass alle erschraken. Der Stationsarzt führte dann ein langes Aufklärungsgespräch mit seiner Mutter und Basma. „Frontalhirnverletzungen sind seit dem ersten Weltkrieg ein intensives Forschungsprojekt geworden. Besonders ein Prof. Feuchtwanger hat 1923 seine Ergebnisse von 200 Stirnhirnverletzten aus dem ersten Weltkrieg publiziert und ist dabei zum Schluss gekommen, dass die Patienten emotional aufbrausend, uneinsichtig und mit geringem Einfühlungsvermögen behaftet sind. Manche kommen wie Hochstapler daher und fühlen sich den anderen daher überlegen. Es gibt aber große Unterschiede bei den Patienten. Wir schicken Benno in die Neurorehabilitation."

„Was können die Angehörigen dabei tun?", fragte Basma. „Sagen, dass sie an seiner Seite sind. Er spürt so, dass Zuwendung wichtig ist und glücklich machen kann." Nach vierzehn Tagen wurde er aus der Unfallchirurgie entlassen und in die Reha geschickt. Schreiben, rechnen und sich normal bewegen, war kein Problem. Die Ergo- und Physiotherapeuten dort waren mit ihm sehr zufrieden. Ein psychologischer Test zeigte auch keine kognitiven Einschränkungen. Aber im Sozialverhalten gab es noch deutliche Beeinträchtigungen: Kein Unrechtsbewusstsein und kein Einfühlen in den Anderen und keine Krankheitseinsicht – zumindest bei Testfragen. Dazu glaubte er auch alles besser wissen zu können.

Basma fragte dann die Psychologin: „Werden die sozialen Defizite durch Training oder Medikamente mit der Zeit besser?"

„Langsame Verbesserungen sind durch Verhaltenstraining möglich. Es braucht Zeit. Die Rolle der Angehörigen ist dabei wichtig. " Nach der Entlassung aus der Reha war er alles andere als vollständig geheilt.

In der Schule war er schon mehr als auffällig. Er lachte schallend, wenn ein Mitschüler einen Fehler machte. Er kam nur mit Krawatte zur Schule und sang seine Antwort, wenn man ihm eine Frage stellte. In der Klasse sprachen die Mitschüler nicht mehr mit ihm, da er alle blöd fand. Einer, der lange zuvor gemobbt worden war, verriet ihm, dass seine Mitschüler über ihn spotteten und hofften, dass seine guten Noten bald abstürzen werden. Benno lachte darüber amüsiert und erwiderte: "Diese Pfeifen sind ja nur neidisch, weil ich bessere Noten habe."

Basma hielt zu ihm. Da sie aber wegen ihrer Herkunft von den meisten nicht ernst genommen wurde, wurde auch sie gemobbt. Die Mutter wurde depressiv. Der Lehrer versuchte Benno trotz seines abnormen Benehmens zu fördern. Dass ihr Sohn nun nicht mehr im Haushalt mithalf und kein Haushaltsgeld aufstocken konnte, brachte die Mutter in finanzielle Schwierigkeiten.

Immerhin wurden die Kosten für den Pflegeheimaufenthalt des Ehemannes von der Sozialhilfe bezahlt. Dann kam doch noch ein Lichtblick, weil sich ein Zeuge des Unfalls verspätet gemeldet hatte und den LKW-Fahrer belastete. Die Polizei stellte an der rechten Stoßstange Spuren von Bennos Fahrrad fest. Er wurde gerichtlich verurteilt und musste eine monatliche Entschädigung zahlen. Der Absturz in völlige Armut konnte so noch abgewendet werden.

Die Realschule lag nur hundert Meter vom Gymnasium entfernt. Max der frühere Freund hörte von Bennos Unfall und nahm wieder Kontakt zu ihm auf, gab ihm Marihuana und auch ein wenig Kokain einmal pro Woche. Das nahm dann Benno noch mehr Realitätsempfinden weg. Benno dealte mit ihm und hatte plötzlich große Scheine in der Hand. Er kaufte sich teure Anzüge und verkündete, den plötzlichen Reichtum mit einer Lüge überspielend, dass er Glück im Lotto gehabt habe. Er fühlte sich wie auf einem hohen Ross. Das brachte ihm Neid und sogar Hass der Mitschüler ein. Seine Mutter war hilflos und schaute weg. Sie verkroch sich in ihre eigenen Sorgen. Basma machte ihm deutlich, dass er nicht allein war. Benno entwickelte sich aber immer mehr zum ausrastenden Außenseiter, der alle anderen in der Klasse von oben herab ansah. Jede Kritik wurde durch lautes Brüllen beantwortet.

Eine soziale Katastrophe. Basma sagte ihm immer wieder:

„Wenn alle dich verlassen, bin und bleibe ich bei Dir. Ich glaube an Deine Besserung. Aber der Kontakt zu Max gefällt mir nicht." Sie weinte auch immer öfters in ihrem Zimmer, wenn er auch sie ohne Grund niedergebrüllt hatte. Mit Max hatte Benno wieder eine enge Bindung entwickelt. Er spielte den Aufpasser, wenn Max Autos klaute und in Wohnungen einstieg. In der Kleinstadt gingen sie nicht mehr in teure Restaurants, um nicht aufzufallen. Sie wechselten die Orte und die Restaurants wie ihre Hemden und Krawatten. Wenn Benno seine Freundin ins örtliche Restaurant einlud, bezahlte er natürlich nicht nur die Rechnung, sondern gab auch noch zwanzig Prozent Trinkgeld. Er schaute ihr dabei triumphierend in die Augen. In den Nobelrestaurants anderer Städte verschwand er grundsätzlich, ohne die teuren Rechnungen bezahlt zu haben. Die schulischen Leistungen ließen nach. Dann wurde die Mutter plötzlich von der Polizei angerufen, dass ihr Sohn wegen Zechprellerei und bei einem Autodiebstahl erwischt worden sei und leider in Untersuchungshaft sitze.

Sie schob das alles auf die Stirnhirnverletzung und gab dies zu Protokoll. Der Ermittler erklärte daraufhin: „Das wird ein forensischer Gutachter klären. Wenn ihr Sohn aber für schuldunfähig erklärt wird, wird er wohl für einige Zeit in der geschlossenen Psychiatrie verbringen müssen. Die Allgemeinheit muss ja schließlich vor solchen Leuten geschützt werden." Die Mutter schluchzte los und telefonierte mit Basma. Sie kam sofort und umarmte Bennos Mutter. Rosie flüsterte weinend: „Was ist nur aus Benno geworden und das alles wegen eines geschenkten Fahrrads und seiner Geltungssucht." Basma schaute daraufhin Rosie tief in die Augen und sagte schließlich: "Was immer auch geschieht - wir Frauen halten zusammen. Du hast doch auch vom Stationsarzt gehört, dass wir für ihn jetzt ganz wichtig sind." Basma redete nicht nur, sondern handelte auch. Sie nahm sofort Bennos Mutter zum Hausarzt mit, erklärte die komplizierte Situation und dass Benno auf gar keinen Fall in die Psychiatrie dürfe. Der Hausarzt rief die Staatsanwaltschaft an und verlangte ein Gutachten durch einen Neuropsychiater, der sich mit Frontalhirnverletzungen auskenne. Nach einem langen Gespräch zwischen dem Gutachter und Benno stimmte Benno zu, bei einer Bewährungsstrafe eine langfristige Verhaltenstherapie zu machen. Im Gutachten legte der Arzt klar dar, dass Benno nach ständigen harten Schicksalsschlägen, die die Familie in die Armut getrieben hatten, und der von ihm schuldlosen Hirnverletzung eine Chance brauche. Durch seine soziale Unterstützung sei auch kaum eine Rückfälligkeit zu erwarten. Eine langdauernde Psychotherapie werde das Ergebnis verbessern. Eine stationär psychiatrische Versorgung gegen seinen Willen und eine Gefängnisstrafe werde eher schaden. Außerdem seien der Autodiebstahl und die Zechprellerei von Max, seinem falschen Freund, ausgegangen und begangen worden. Benno sei nur der Aufpasser gewesen. Das Jugendgericht verurteilte Benno zu sechs Monaten auf Bewährung. Seine Freundin konnte wieder mehr lächeln auch, nachdem sie sah, dass Benno langsam Fortschritte machte. In der Schule wussten die Mitschüler nur vom Bennos Unfall. Als man sie fragte, was mit Benno los sei, warum er jetzt seit einer Woche wieder fehle, sagte sie: „Alles gut. Er kommt bald wieder zur Schule. Ich sehe ein helles Licht im dunklen Tunnel. Wir sehen nicht mehr nur Schatten. Er wird die Krankheit überwinden. Er ist schon auf dem Wege, ein Schüler wie ihr zu sein."

Zufällig bekam der Lehrer das Gespräch mit und lobte Basma vor der Klasse: „Eure Mitschülerin kann nicht nur Mathe und Deutsch, sondern auch Platons Philosophie deuten. Wir alle sind dankbar für das Licht im dunklen Tunnel der Ungewissheit. Es ist bewundernswert, wie sie für ihren Freund kämpft. Chapeau Basma. Geben wir Benno die Chance, so frei wie wir zu werden." Daraufhin klatschten die meisten, obwohl sie längst nicht alles verstanden hatten. Seitdem wagte aber auch keiner mehr, Basma zu mobben.

9. Der besondere Blick auf meine Kubanischen Erinnerungen - Ein fiktiver Brief an Raul Castro

Lieber Genosse Raul,

mit großer Erwartung und Herzklopfen stieg ich Ende Dezember 2015 in Habana aus dem Flugzeug, um Dein besonderes Land zu besuchen. Ja-wahrlich ein Kick, als mir bei unserer Ankunft eine warme Welle tropischer Luft entgegenschlug. Ich atmete sie langsam ein, blieb sogar kurz auf dem Flugfeld stehen, um diesen Augenblick zu genießen. Der Beginn meiner Reise glich einer zärtlichen Umarmung – verzeih mir die dramatischen und romantischen Worte. Zu Hause machten uns Regen und Schnee zu schaffen, hier Sonne bei 26 Grad. Und das am frühen Abend. Danke Raul-ich darf Dich doch so nennen. Dann die Passkontrolle bei der Einreise. Pure Charmewerbung für Kuba. Hübsche Polizistinnen in den Einreiseschaltern mit einem geheimnisvollen Lächeln, in eleganten kurzen Röckchen und schwarzen Spitzenstrümpfen. Sie gaben mir gleich ein Gefühl, hier herzlich willkommen zu sein. Da lächelte ich automatisch mit, als vor dem Schalter zu Kontrollzwecken mein eigenes Gesicht fotografiert wurde. So empfangen zu werden, ist wirklich ein gelungener Schachzug, lieber Raul. Du hast dabei auch an mein altes Auge gedacht. Angesichts dieser ersten Momente in Deinem wunderbaren Land nahm ich mir vor, meine Euros nicht geizig im Portemonnaie zu belassen, sondern sie in deinem Land auszugeben! Ihr braucht die Kohle doch jetzt? Oder hast Du die Staatseinnahmen etwa als Goldbarren verborgen begraben. Habt Ihr alle Korruptionen vermindert? Der jetzt einsetzende Touristenstrom wird wie ein Tsunami das Land überfluten und Euch einen ungeahnten Geldsegen bringen. Von Amerika abhängig zu sein, die Euch mit Sanktionen erpressen und knebeln können, sollte endgültig vorbei sein. Wir Reisenden kannten Kuba nur aus Büchern, Zeitungsartikeln und dem Auslandsjournal. Wir hoffen, dass ihr lange Zeit wieder mehr Luft zum Atmen habt. Was kommt, wenn ein Trump Euch niedertrampeln will? 2015 war es noch nicht so weit. Ihr ward isoliert, wie viele der sozialistischen Länder. Nach Kuba ging man früher, wenn man DDR –Bürger und Sozialarbeiter war oder persönliche Erinnerungen damit verband. Es bedurfte eines Paukenschlags: Barack Obama, der das Embargo teilweise lockerte und die Reisefreiheit verbesserte. Kuba war für uns immer geprägt von Klischees, Bilder mit riesigen amerikanischen Kisten, die die Straßen Deiner Insel verstopfen und – drachengleich – schwarze und giftige Rauchwolken ausstoßend mit großem Getöse durch die Hauptstadt donnern, bestimmten das Bild. In der Tat ist der Lärmpegel in Havanna, lieber Raul, immer noch eine sichtbare, hörbare und ja zum Himmel schreiende Realität. Vermutlich hast du dich deshalb auch aufs Land zurückgezogen. Auf Al Punto Zero, wie uns ein Einheimischer heimlich unter vorgehaltener Hand verriet. (bitte nicht weitersagen!) Man riskiert so einiges, wenn man über Euch Oberen etwas sagt. Man weiß deswegen quasi nichts über Dich, auch nicht, wie Du Dich fortbewegst und wo Du gerade bist. In meiner Fantasie wirst Du in einer großen abgedunkelten Staatskarosse mit Elektro- oder Hybridantrieb und verdunkelten Scheiben kutschiert- an Deinen Ohren Sambarhythmen oder liege ich da völlig daneben und in Klischees gefangen? Wenn jetzt die Devisen anrollen, kannst Du Motorräder mit Elektromotor fördern und subventionieren, die sich dann als schleichende Katzen im Sambarhythmus durch die Straßen schlängeln. Einige sind mir ja bereits in Habana auf den Straßen aufgefallen. Die sind so leise, dass man wiederum Angst haben muss, überfahren zu werden. Deine 2007 verstorbene Frau Vilma Espin hat Dich sicher manchmal behutsam und charmant auf den zunehmenden Lärm und die Luftverschmutzung hingewiesen. Doch hören ja Männer nicht immer auf Frauen. Es wäre auch eine Erziehungsaufgabe für die Schulen. Auf Deiner Insel aber brauchte ich vorerst- Sorry- erst mal Oropax.

Zu Havanna sind es nicht die lauten Sambaklängen, sondern der Motorenlärm der amerikanischen Dreckschleudern und schreiende feilschende Händler. Wegen der Schlaglöcher auf Cubas Straßen sollten wir uns jedoch ausgiebig bei einem eisgekühlten Mojito unterhalten, lieber Raul. Nicht nur, dass es den Autos, vor allem deren Stoßdämpfern schadet – in meinem Ohr klingt immer noch das krächzende Geräusch an der Motoraufhängung unseres Leihwagens. Lieber Raoul, klar hast du wichtigere Aufgaben als empfindliche Touristenohren zu schonen. Ihr habt da schon einiges hinter Euch gebracht. Wir haben auch keine Ahnung von der Unterdrückung durch den Diktator Batista und der Hals abschnürenden Umarmung durch die Russen, die Euch sogar als Atomraketenbasis benutzten. Auch davon später. Aber du als soldatischer Revolutionär bist ja jetzt schon Geschichte – ein grandioso Comandante Raul, der mutig und unerbittlich zum Wohle seines Volkes in die Schlachten gezogen ist. 2018 wirst du das höchste Staatsamt an Miguel Diaz Camel übergeben. Dann hast du viel Zeit zum nachdenken und kannst den Nachfolger beraten, um Kuba weiter zu entwickeln. Wenn man die unzähligen überdimensionierten Plakate und Skulpturen der Revolutionäre am Straßenrand sieht, glaubt man ja, dass ihr in der Vergangenheit lebt und ein reiner Männerstaat seid. Warum übergebt ihr nicht mehr Macht an Eure selbstbewussten mutigen Frauen wie z. B an deine Tochter Mariela. Sie hat als Chefin des staatlichen Zentrums für sexuelle Aufklärung die Rechte von Homosexuellen und Minderheiten gefördert und gefordert. Wir waren im Hotel Nacional, einem geschichtsträchtigen Haus untergekommen, das unter der Amtszeit dieses unseligen und kriminellen Vorgängers Batista beschossen wurde und angeblich als Riesenpuff diente. Stimmt es wirklich, dass in diesen schönen Mauern einst finstere Mafiosi hausten, die ganz Kuba in ein Bordell für die Amerikaner verwandeln wollten? Was für ein Glück, dass Ihr für Recht, Ordnung und Moral gesorgt habt. Überhaupt, Recht und Ordnung und Brüderlichkeit – auch Gerechtigkeit-das waren die großen Worte, die ihr euch auf eure Fahne geschrieben hattet und in die Massen der Zuhörer geschleudert habt, als Ihr 1959 mit Eurer Revolution eine neue und bessere Welt aus Kuba machen wolltet. Es war auch die Zeit der weltweiten Veränderungen. Fast unbemerkt von der Weltöffentlichkeit holten sich damals die Chinesen Tibet und kurz danach ging es um den indisch-chinesischen Grenzkonflikt, der bis Ende Oktober 1962 dauerte. 1962 übernahmen die Militärs die Herrschaft im alten Burma. Sie massakrierten massenhaft hilflose unbewaffnete Menschen. Das habt ihr als Militärregierung nie gemacht, auch nicht die Grausamkeiten der Militärputschisten in Zentralafrika. Auf den fast ausgebrochenen *Atomkrieg* im Oktober 1962 komme ich noch zu sprechen – eine schmerzliche auch persönliche Erinnerung. Die Zeit der Helden, auch der wahren Helden wie den russischen U- Boot-Kommandeur, der sich weigerte, Atomraketen abzuschießen. Jetzt noch stehen viele Statuen des Poeten und Revolutionärs der ersten Stunde José Marty und noch mehr von Che Guevara an den Straßenrändern. Cuba braucht weniger historische Helden als soziale Frauen, die die Privatwirtschaft und den Tourismus voranbringen würden. Die sollten als Statuen an den Straßenrändern stehen ähnlich wie in Canada auf Plätzen. Ich sah ein junges Mädchen müde am Straßenrand neben einer Che Guevara Säule sitzen und fragte sie auf Englisch, ob sie stolz auf diese Helden sei. Sie schaute mich lange groß an, rümpfte dann die Nase, hob die Augenbrauen und ging wortlos. Diese Botschaft war eindeutig. Jetzt öffnet ihr euch der neuen Zeit und bringt sogar das Internet in die Städte und Dörfer. Trotz der Revolution mit ihren hehren Zielen, die Frieden, ein gutes Miteinander und Gleichheit versprechen sollte, flohen und fliehen aus deinem Kuba Hunderttausende - darunter viele Intellektuelle und Dissidenten auf zum Teil abenteuerliche Weise über den Atlantik nach Florida. Warum? Was ist der Grund? Hatten die und wovor hatten sie Angst? Gibt es immer noch bei den kritischen Bewohnern, den Schriftstellern und Journalisten eine heimliche Angst?

Jetzt, als am 21.03 2016 Obama kam, habt Ihr wieder 200 weißgekleidete Oppositionelle, die tapferen Damen der „Movimento Las Damas de Bianco" verhaftet. Zuvor schon 2003 während des „Schwarzen Frühlings in Kuba" und wieder, als Papst Franziskus Euch besuchte. Wenigstens habt Ihr sie nicht an die Wand gestellt und abgeknallt. So schlimm wie im Putin Staat und in der Volksrepublik China und bis vor kurzem in Myanmar ist es wohl bei Euch nicht.

Hoffe ich wenigstens. Du weißt, dass in Russland und China kritische Leute erschossen, mit Polonium vergiftet, verschleppt werden, zum Beispiel Ai WeiWei, der monatelang an einem unbekannten Ort inhaftiert wurde und nicht mal ohne bewaffnete Aufpasser auf die Toilette durfte. Er hatte diese Höllenqualen in der Biennale von Venedig künstlerisch ausgestellt als Symbol der Niederquetschung der Freiheit. Was ist der Grund für die Flucht der kubanischen Unternehmer und Intellektuellen? Sag es mir doch bitte! 1959 war es klar. Da war die Wut über die kapitalistischen Verbrecher zu groß. Da hast Du ja mit deiner Pistole persönlich-wie dokumentiert- Hunderte von Fulgencio Batista Anhängern massakriert. Hast Du Dich noch nicht verändert? Ich glaube nicht. Du siehst ich schreibe mich ein wenig in Rage. Macht nichts-es tut mir gut. Ich wünsche Euch nur das Beste. Du bist halt vorwiegend ein Soldat und sogenannter Revolutionsheld geblieben, während Fidel später eine Spur sich veränderte. Er wollte z.B. nie mit den Amerikanern total brechen. Etwas verstehe ich nicht: Man kann aus der Vergangenheit doch nur lernen, wenn man die dort geschehenen Fehler vermeidet. Das geschieht aber häufig nicht, wie die jüngere Geschichte uns lehrt. **Weißt** du, was Putin, jetzt für euch plant? Ich hoffe, Du lässt dich nie auf ihn ein. Wir alle trauen ihm nicht über den Weg und verabscheuen ihn grenzenlos – selbst, wenn er sich anbiedert. Er möchte die Vergangenheit auferstehen lassen. Er ist ein Jongleur des Bösen! Er will Europas Einheit zerstören, indem er Bomben auf Zivilisten in den Syrischen Städten werfen lässt und so Millionen in die Flucht nach Europa treibt. Auch unterstützt er im Jemen die Saudis. Das sind Machtspiele von extrem gefährlicher Art, bei denen Abertausende von Kindern verhungern. Ein fieser und verlogener Killer!

Wir und hoffentlich auch Du wollen aus der Vergangenheit lernen. Ja, wir alten Männer flüchten auch schon einmal in die Vergangenheit. Ich will versuchen, aus der Vergangenheit zu lernen. Machst du es auch, Raul? Ich möchte wie versprochen auf eine gemeinsame Erinnerung zurückkommen. Es passierte am 22. Oktober 1962. Ich war damals gerade zur Marine eingezogen worden. Dein Bruder Fidel und du regiertet hier das Land. Am Abend des 22. Oktober 1962 wollte ich mich zum „Landgang" und auf ein Bier klarmachen – die Mütze schon verwegen auf den Kopf gesetzt- als ein Obermaat in die Bude stürmte und schrie:" Landgangverbot auf unbestimmte Zeit! Macht auch schon mal Euer Testament! Wir stehen vor einem Atomkrieg! Russische Atomraketen bewegen sich auf einem Frachter und U- Booten auf Cuba zu! Die Abschussrampen stehen schon! " Wir schauten erstarrt auf den Überbringer der Botschaft. Wortlos drehte der Obermaat das Radio an und betroffen hörten wir die historische Rede von Kennedy – wie 100 Millionen Amerikaner auch. Er schickte Zerstörer und Schlachtschiffe vor die Kubanische Küste und drohte mit Eurem Untergang. Später las ich in einer Zeitung, dass Kennedy sich kurz vor dieser Mobilmachung noch mehrere Kisten Eurer Zigarren besorgt hatte. Vielleicht ein Zeichen, dass alles doch nicht so schlimm stand? Oder wollte er den Vorrat kaufen, weil er nach der Zerstörung Eurer Tabakfelder keine Zigarren mehr bekommen würde. Gottseidank kam es dann doch nicht zur Katastrophe wegen unerwartet besonnener Reaktionen einzelner Menschen, der wahren Helden der Geschichte. Unter diesen Menschen ragt der zweite U-Boot Kapitän Wassilij Alexandrowitch Archipow heraus, der die Zustimmung zum nuklearen Torpedoabschuss verweigerte. Die Amerikaner hatten zuvor, sich wie Lucky Luke aufführend, völlig unbedacht das U-Boot eingekreist und mit Übungswasserbomben beworfen. Die im U-Boot wussten nicht, dass es nur Übungsbomben waren. Die Amerikaner wussten nicht, dass die B29 mit Atomraketen bestückt war.

Wassilij Archipow konnte schließlich den ersten Kapitän und den Politoffizier überzeugen, an anderer Stelle aufzutauchen und Befehle aus Moskau ab zu warten. Er verhinderte dadurch den dritten Weltkrieg und wahrscheinlichen Atomkrieg. Wie hätte damals ein Donald Trump als Präsident reagiert? Wäre dies vielleicht passiert, was nicht passieren durfte. 2003 und 2005 wurde Archipow posthum mit dem Italienischen Rotondi Nationalpreis: "Angeli del nostro tempo"(Engel unserer Zeit) geehrt.

Mögen diese dunklen Zeiten für immer Vergangenheit bleiben! Sorry - ich verliere mich in der Vergangenheit!

Lieber Raul! Schaffe moderne Helden, motivierte Ingenieure. Manche Eurer Nationalhelden habt ihr Euch von auswärts holen müssen. Marty kam aus Portugal – und Ernest Hemingway aus Amerika. Wie schön, dass du das Haus dieses wunderbaren Schriftstellers, Großwildjägers und gottbegnadeten Säufers als Museum bewahrst.

Da habe ich eine verrückte Bitte. Würdest Du mich dort in einem winzigen Zimmer wohnen lassen? Ich könnte dort ein Buch schreiben, das hieße dann: „Der kluge revolutionäre Mann und die Welt schaut auf Cuba. " Natürlich handelte es von dir und von deinem Bruder Fidel, wie ihr als Programm das Vergangene und das Moderne zu verbinden wisst und ein glückliches Cuba schaffen wollt. Natürlich kämen Interviews vor und die Vision eines modernen Cuba. Dein Weitblick käme vor, wie Du das Internet gefördert hast und amerikanische Devisen klug eingesetzt hast, um Privatinitiative und Marketing zum Wohle aller zu fördern. Zuerst wirtschaftliche Zusammenarbeit und später politische Zusammenarbeit. Immerhin gibt es schon Mentoren, die jungen Leuten beibringen wollen, wie man einen selbständigen Betrieb gewinnbringend aufbaut. In den Bed and Breakfasts dominierten kluge und empathische Frauen, die unsere Wünsche kannten und einen perfekten Service boten. Die abblätternden Fassaden in Habana fanden wir nicht so schlimm, wie dies in einem Bericht vom 12.03.2016 im „Spiegel", der negativer gar nicht sein könnte, angeprangert wurde: *„Habana sei eine sozialistische Trümmerbude, morsch und löchrig. Eine Stadt voll bewohnter Schutthaufen, aus denen die Stromkabel wie Infusionsschläuche hingen. "*

Wie wenn Infusionsschläuche waagrecht durchhängen würden! Habana gleicht sicher nicht einem am Tropf hängendem Krankenhauspatienten. Habana Vieja -die Altstadt - ist wirklich kein Trümmerfeld! Was ist das für ein journalistischer Shit! Natürlich durfte auch der Besuch des berühmten „Tropicana " nicht fehlen. Dafür hast du lieber Raul sicher Verständnis. So viele schöne Frauen mit verrückt schönen Pos in akrobatischen Posen und alles so nahe. Noch näher aber stand uns der Rum; einen ganzen Liter hatten Deine Kellner auf unseren Tisch gestellt; und so wurde uns alten Knaben doch ein wenig schwindlig verstärkt durch die Gegenwart der leicht bekleideten Tänzerinnen, die sich Ruminduziert schon in Doppelbilder verwandelt hatten. Uns ist auch aufgefallen, dass moderne Teenager - Moden schon Einzug gehalten haben. Nach vier Tagen Stadtluft hatten wir die Nase voll von der verpesteten Luft. Wir sehnten uns entschlossenen Auges nach dem hochgelobten ländlich originalen Cuba, der reinen Natur. Für Habana bin ich sicher, dass Eure Genossen Verkehrsexperten und Eure international berühmten Ärzte mit Hilfe der zuströmenden Devisen eine Lösung für eine atembare Luft finden werden. Die amerikanischen Dreckschleudern auf ein Paar Exemplare reduzieren und –wie gesagt- Elektrofahrzeuge fördern wäre schon ein Anfang. Ihr lebt ja im Sonnenparadies! Solarenergie muss her! Hoch lebe ein Stickoxyd armes Habana! Bei uns in Stuttgart sind es wenigstens nur der Kessel, der als Deutschlands Stickoxydreichste Gegend gilt. Ja sorry – wir hoffen alle auf atembare Luft- man wird ja noch hoffen dürfen!

Mit einem Renault Fünfsitzer als Mietauto vollgetankt mit 94 Oktan Benzin fuhren wir zuerst Richtung Westen nach Vinales in einen ursprünglichen Teil Cubas mit Tabakanbau, Pferden, den berühmten „Mogotes" den Kalksteinhügeln. Eine fruchtbare Landschaft mit roter Erde stark eisenhaltig und deshalb als potentielle Kornkammer geeignet wie auch für viele andere Möglichkeiten der Nutzung durch Eure Bauern. Darf ich dir lieber Raul dazu einige Fragen stellen? Ich habe so vieles nicht verstanden. Warum sahen wir so viel brachliegendes ungenutztes Land? Warum sind in der blühenden Landschaft die Rinder und die Hunde so spindeldürr? Wenn Du das Internet dort auf dem Lande fördern würdest, könnten die Jungbauern und Bäuerinnen etwas über moderne biologische Anbaumethoden lernen und weg von den Monokulturen kommen. Ihr braucht doch keine giftigen Pflanzenschutzmittel aus Amerika und China importieren. Warum fahren klapprige chinesische stinkende Busse durch die holprigen Straßen und versperren sie. Warum stehen überall am Rande Menschen mit flehenden Blicken, die im Auto mitgenommen werden wollen. Dann diese Überraschungen Raul! Eine Kolonne moderner Limousinen ohne Nummern raste in halsbrecherischem Tempo rechts überholend mit verdunkelten Scheiben an uns vorbei. Geheimpolizei? Regierungsfahrzeuge? Oh Cuba Du bist das Land mit so viel offenen Fragen.

Hey Raul warst Du das im Auto mit Deinen Beschützern? Musst Du Dich denn so verstecken? Bitte lass Dir den Feuilletonartikel vom 22. Januar 2016 in der Zeitschrift „Mare„ übersetzen und lies ihn. Das führt Dir vor Augen, dass auch politisch angepasste Schriftsteller vor Angst zittern, wenn es um Kritik an der Regierung von Cuba geht. Ihr habt doch keine Konterrevolution zu befürchten! Gegen die Unzufriedenheit könnt Ihr schnell einen bescheidenen Wohlstand für alle schaffen! Eure Leute sind viel zu bequem, um einen Bauernkrieg wie bei uns im Mittelalter anzufangen. Obwohl die jetzige Steuerlast mit denen vor den Bauernkriegen vergleichbar ist. Es steht auch kein Bürgerkrieg ins Haus wie in Libyen und Syrien. Gibt es konkrete Pläne für eine bessere Zukunft? Z.B. den Ausbau der Agrarwirtschaft und des Ökotourismus. Begrenzung der Importe? Vor allem der Lebensmittel. Pack es an -jetzt! Überlass es nicht den amerikanischen Groß-Konzernen oder den Chinesen! Gib Deinem Land mehr Spielraum und mehr Freiheit. Für die Eigeninitiative Eurer Bürgerinnen braucht es Anreize, Motivation, neben Steuersenkungen- gerade auch für die Bauern. Wir sahen eine gnadenlose Nullbockmentalität in den staatlichen Shops und den Restaurants. Die Bediensteten waren wie im Dauerschlaf – fast so wie die liegenden Hunde vor den Eingängen- und machten gerade so ihren Job, aber kaum einen Finger krumm. In den nicht staatlichen Shops begeisterte und fröhliche Verkäufer. Wir kennen das auch von Myanmar und der alten DDR. Und warum muss jeder Artikel an der Kasse in ein Buch geschrieben werden? Nieder mit der Extrembürokratie! Diese Auswüchse des Sozialismus bremsen Euch doch nur aus!

Oh Gott- Jetzt bin ich auch schon zum Aktivisten geworden. Es fehlt nur noch das weiße Gewand Eurer Aktivistinnen.

Nach vier Nächten- unsere Lungen wieder Stickoxydfrei – ging es im Uhrzeigergegensinn südöstlich Richtung *Playa larga* am Meer mit seinen Korallenstränden. Wir sind in einem schönen Casa genannt „*Cie'naga de Zapata*" untergebracht.

Die Welt entpuppte sich hier als Kleinod. Lieber Raul ich will nicht petzen. Aber ich muss Dir von dem schwarzen Koch erzählen, der sich mit einer Gynäkologin aus Österreich, die in Laufenburg /Schweiz arbeitet, verlobt hat. Ist das nicht wunderbar. Mit ihm gingen wir am nächsten Tag an einen entlegenen Strand. Nur wir, bizarre Korallen und noch bizarrere Fische im glasklaren blaugrünen Wasser schnorchelnd zu sehen. Ein einsames Paradies! Dafür lieben wir Cuba. Der Koch mit einer Harpune und einem „Einkaufsnetz". Er spießte Fische, Barracudas, ja sogar einen Feuerfisch mit giftigen Flossenstrahlen am Anus, Bauch und Rücken (vor Jahren aus überfluteten Meeresaquarien in Südkalifornien eingeschleppt), Calamares und sogar Kraken auf. Am Lagerfeuer briet er die Fische. Im Frühjahr wird er seine Verlobte in der Schweiz heiraten. Auch wenn er in der Schweiz bliebe, wird er Geld an seine Verwandten schicken. Als schöner Mann - Tauchlehrer und Koch war er offenbar ein lohnender Beifang für die ältere

Gynäkologin. Sie hat ihn seit zwei Jahren an der Angel. Am Nachmittag trafen wir dann weitere Schweizer und Italiener auf einem Trip durch Sümpfe und Mangrovenwälder. Cuba ist wahrlich jetzt schon ein internationaler Begegnungsort geworden! Weltoffen und doch sich hoffentlich klug abgrenzend gegen die USA, Chinesen und die Russen. In den Mangroven sahen wir Scharen von Flamingos, Pelikane, Reiher und immer wieder seltsame Fische, die wir noch nie gesehen haben. Wir werden dafür Werbung machen. Versprochen! Am nächsten Tag ging es nach Zentralkuba, nach Cienfueges. Eine wunderschöne gut erhaltene Stadt mit Kolonialbauten, Lagunen und den berühmten Wasserfällen von *El Nicho*. Da brauchst Du Dir und die Touristenbehörden keine Sorgen machen. Die Touristen strömen jetzt schon Dollar - oder besser Euro schwenkend durch die Stadt am *Plaza Jose Marti* entlang zum *Teatro Terry zum Palacio de Valle*, zur *Guanaroca Lagune* mit Massen von Vögeln vor allem Flamingos. Auch zum geschichtsträchtigen *Cementerio de Reina* und die *Catedral de la Purisima* machen sich Besucher auf. Bei der Begegnung mit Einheimischen vor allem Frauen fiel uns auf, dass wir höflich und strahlend begrüßt wurde. Die machen das richtig im Umgang mit Touristen – eine richtige „Willkommenskultur" für Fremde wie wir.

Da brauchst Du nicht das schwer verdiente Steuergeld der armen Bauern nehmen, um die die Staatskassen aufzufüllen. Der Tourismus bringts. Die Schönheiten von Cienfuegos schweren Herzens verlassend, ging es zu Silvester nach Trinidad. Trinidad: Weltkulturerbe fanden wir die beste Kulisse zum Feiern in ein neues hoffentlich gutes Jahr – weniger Krieg als 2015. Vor der Kathedrale mussten wir uns an den Händen halten, um in der Masse der Menschen nicht verloren zu gehen. Überall Sambaklänge, hüftschwingende und strahlende Menschen. Spanische, englische, deutsche, französische und sogar schweizerdeutsche Laute hallten in der Luft. Keine Böller - nur strahlende feurige Augen. Welch ein Kontrast zur Silvesternacht 2015 in Köln. Keine Brieftasche wurde geklaut und keine Frau sexuell betatscht. Die würden sich auch wendig wehren.

Auf nach Cuba an den Feiertagen! Cuba ist sicher. Ist es der Einfluss und Allgegenwart Deiner Geheimdienstler oder die genetisch eingeimpfte Moral der Bewohner, bei denen ich auch selten Hass und bei den selbstbewussten Frauen keine Angst im Gesicht sah? Ich verstehe nicht, warum die Amerikaner in der Vorrevolutionszeit Cuba zum Puff machen wollten. Deine stolzen Kubanerinnen. War der durch Korruption verursachte Hunger so grässlich, dass die Frauen sich kaufen ließen? Wenn ich in der Stadt stark geschminkten schönen Frauen begegnete, kam nie der Gedanke an Prostitution auf. Angeblich gibt es keine organisierte Prostitution in Cuba. Mehrmals sah ich, wie einzelne Damen in weitem Bogen mich mehrmals umrundeten und immer wieder aus anderer Perspektive mit freundlichen und einschmeichelnden Augen ansahen. Aber kein Wort und schon gar nicht eindeutige Gesten. Waren die etwa vom Geheimdienst? Absurd, wie wenig ich manchmal von Cuba verstanden habe. Nach drei Tagen und Nächten ging es auf abenteuerlichen Straßen nach Norden über einen kilometerlangen Damm nach *Cayo Coco*: das Strand- und Taucherparadies. Dort Abgabe des Mietautos ohne Formalien zeitpunktgenau. Viel zu schnell war die Reise zu Ende. Ausklang am Meer – auf dem Rücken liegend. Mein Gott wie unbekümmert tauchten wir ein in das Hotel *Melia Cajo Coco* all inclusive! Bedenkenlos schwelgen und trotz reichlich kostenloser Mojitos und Weine nie betrunken. Höchstens trunken von der karibischen Sonne und den sanften Wellen des Ozeans und den Erinnerungen daran. Hier wäre der ideale Ort, bei einem Mojito mit Deinem Tourismusminister die kritischen angesprochenen Punkte zu besprechen. Immer wieder tauchen in Tagträumen vor meinem inneren Auge Orte und Bilder auf Hemingways Spuren wie z. B. Erinnerungen an sein Haus Finca La Vigia in Habana auf. Von den Wellen geschaukelt, glitten kaleidoskopartig Bilder unserer Reise vorbei.

Die Segelyacht von Hemingway, das herrliche Grundstück, auf dem er seine berühmten Bücher schrieb z.B. *„Der alte Mann und das Meer", die eine* Metapher des ewigen Kampfes mit dem Meer darstellt. Der Kampf geht weiter lieber Raul- auch in Deutschland mit dem endlosen Strom der Flüchtlinge und dem auch hier harten Alltag und der drohenden Rechtslastigkeit aus dem Osten. Dein Cuba hat mir Mut gemacht. Ich muss kein Held sein und Du auch nicht mehr- wir in Deutschland wollen auch keine Helden mehr! Das war einmal. Ich erhebe das Glas mit dem Mojito: Auf eine lebenswerte Zukunft in Cuba! Lasst uns die Vergangenheit beenden und in eine gute Zukunft blicken trotz Trump und anderer Katastrophen. Adios Cuba und Adios Companero Raul! Grüße Deine mutige in die Zukunft blickende Tochter Mariela und schaut alle genau hin, wenn der CIA kubanische Agenten kaufen will wie damals den Raul Capote, um die Regierung in Cuba zu stürzen. Vielleicht setzt ihr dagegen kluge Cubanerinnen ein - du weißt schon: Die mit dem bezaubernden Lächeln.

10.Baskenland - Ein Industrie-Land wird zum Architekturtraum

Architekten/innen zu Freunden zu haben, weiten sicher den Blick und war auch unsere Motivation, im Baskenland Neues zu entdecken. Verborgene Bauten und Landschaften im Einklang mit der Natur und den politischen Entwicklungen sehen, war das Motto der Reise. So sollte das Baskenland mit seiner neuen Architektur eine Reise der besonderen Art werden unter Fachleuten und für uns neugierige Neulinge. Der Guide, ein Deutscher Architekt, der seit 20 Jahren in Bilbao lebt, sollte das Ganze verständlich machen. Wir – meine Frau und ich – Laien der Architektur waren gespannt. Die steile Atlantikküste vor dem Baskenland hatte ich vor 57 Jahren auf einem Kriegsschiff stürmisch und bedrohlich erlebt. Bilbao war jetzt der Zielflughafen, aber nur ein kurzes Zwischenziel. Es ging nach der Ankunft nachmittags gleich weiter nach San Sebastian. Natur, Meer und der Kunstpfad am künstlerisch gestalteten Kamm des Windes (Peine del Viento), einem Uferweg mit den eisernen in die Felsen eingelassenen Figuren, gestaltet von den Architekten Eduardo Chillida und Pena Ganchegui - ein Wahrzeichen von San Sebastian - sollte uns die Gewalt des Meeres und gleichzeitig seine Schönheit vor Augen führen. Auch wenn die bei unserem Besuch sanften Wellenbrecher uns keine Angst einflößten, ahnte ich die bei starkem Seegang plötzlich unvermutet auftretende mörderische Gewalt des Meeres. Die Weiterfahrt zum Hotel und das einchecken führte uns zurück in die touristische Routine. Zuerst blieb Zeit für uns und den beiden Freunden zur freien Verfügung bis zum frühen Abend. Dann folgte eine Stadtführung ins Altstadtzentrum an der Bucht von Donostia, zum prachtvollen historischen goldschimmernden Rathaus und zum Club Nautico, einem Gebäude, das zum Hafen gewandt den stolzen Bug eines Kreuzfahrtschiffes nachahmt. Das Abendessen, ein Willkommensgruß im Gourmetrestaurant Ni Neu gestaltet, war eine reine Verführung und zeigte uns eine weitere Attraktion des Baskenlandes: Die Gastronomie. Essen dient nicht der Sättigung, sondern gilt auch als Kunst -vom Geschmack her gourmethaft- vom Anblick her ein Genuss. Dieses Restaurant im Erdgeschoss des Kursaals und dem Blick auf die Brücke gleichen Namens hat einen gastronomischen Ehrgeiz: Hier stimmen der Raum, die Beleuchtung, die Tischanordnung, die Ausstattung, nicht zuletzt die Dekoration und die Hintergrundmusik überein. Es sollen wohl alle Sinnesorgane angesprochen werden, bis die Speisen den Weg von den Augen, den Mund, den Gaumen in den Magen gelangen. Mein Mund hat selten über Speisen so sehr geschmunzelt. Am nächsten Tag wurde uns San Sebastian unter einem architektonischem Blickwinkel vorgeführt. Die Altstadt war 1813 bei einem Brand zerstört und prächtig wieder aufgebaut worden. Sie liegt hinter dem Hügel Urgull, der die Spitze einer Halbinsel bildet. Sie wird vom Hafen und der Einmündung des Flusses Urumea umrahmt. Neben den Straßen locken malerische Läden, Bars und Restaurants. Hier treffen sich regelmäßig verschiedene gastronomische Gesellschaften. Die kulturelle Bedeutung der Kochkunst im Leben der wahrlich nicht armen Bewohner kann nicht besser unterstrichen werden. Am nächsten Morgen war der Besuch der Bauten in der Altstadt unser Ziel. Wir bestaunten die Basilika Santa Maria del Coro und die Kirche San Vicente, bevor wir die Plaza Nueva überquerten, um das berühmte Museo San Telmo zu besuchen. Der Name San zeigte den Detektiven unter uns, dass es in einem alten Kloster untergebracht war. Unsere Augen wurden danach auch von der Plaza de Constitucio`n verwöhnt. Hier und in den Straßen herum finden die jährlichen Feierlichkeiten und Veranstaltungen statt. Warum waren die Balkone der Häuser numeriert? Weil diese Plaza früher Stierkampfarena war. Es ging schnell weiter. Wir konnten uns noch nicht ausruhen. Belohnt wurden wir durch den Besuch des Kursaals - des Palacio de Congresos - erbaut vom berühmten Rafael Moneo. Hier begriffen selbst wir Nichtarchitekten, wie der Künstler die Natur, das spiegelnde Wasser des Hafens und das umgebende Stadtgefüge mit einem modernen lichtdurchfluteten und transparenten Bau harmonisch verbinden wollte. Architektur harmonisiert mit dem Raum. Der Vormittag war wahrlich gelungen ausgefüllt. Meine Synapsen hatten allen Grund, die Sehenswürdigkeiten zu speichern. Mittags aßen wir individuell nicht lukullisch, sondern Pintxos in einer einfachen Kneipe. Am Nachmittag gegen 15.00 ging es mit dem Bus in die Vororte. Wir besuchten die Hochschule und Berufsschule der Gastronomie. Hier werden die Sterneköche ausgebildet. Dort finden auch lukullische Veranstaltungen statt.

Als ein letztes highlight dieses Tages besuchten wir die Iglesia de Jesu, eines der jüngsten fertiggestellten Bauwerke des Stararchitekten Rafael Moneo. Hier verbindet sich

Licht und Raum in schräg aufsteigenden Wänden und Säulen. Die Moderne schafft hier ganz verschieden zu den Zeiten der romanischen, gotischen und barocken Baukunst eine besondere Raumkunst.

Am nächsten Morgen gegen 08.15 Abfahrt nach dem südlich gelegenen Rioja zur Hauptstadt Logronio. Weinbau und Architektur? Ich glaubte es erst begriffen zu haben, nachdem wir die Bodega Campo Viejo besucht hatten. Dieser Neubau fügt sich geschickt in die Topografie der Weinlandschaft. Ich hatte den Eindruck, dass der gewaltige flache Bau mit waagrechtem riesigem Vordach nicht zum Weinkeller, sondern zu einem modernen Museum führt. Diese Architektur hat beim Wettbewerb für den internationalen Weintourismus nicht umsonst den ersten Preis gewonnen. Im Innern spürte ich das Besondere des Raumes und dass nicht nur der Wein als Getränk und Geschmacksrichtung, sondern auch die Gewinnung, Lagerung und die Zusammenführung verschiedener Sorten zum Cuve`e einer Vermählung gleicht. Es war heute der Tag der Weingüter. Vier bekannte und berühmte Weingüter durften wir an diesem Tag sehen. In der Bodega Baigorri gab es nicht nur eine ausgiebige Weinprobe, die uns zum Kauf anregte, sondern auch ein sechsgängiges Degustations Menu. Nicht nur der Magen und der Gaumen kommunizierte mit den Speisen, sondern wir konnten auch entspannt miteinander durch Gespräche zusammen kommen. Danach fuhren wir nach Vitoria, der 250.000 Einwohner zählende Hauptstadt des Baskenlandes. Von den zehn Sehenswürdigkeiten sahen wir leider nur zwei und zwar nur Museen: Das Archäologische Museum und das Spielkarten Museum Vitoria von Francisco Mangado.

Dieser bedeutende Architekt schuf in Vitoria außerdem mit Überdachungen der zum Kern der Altstadt führenden Rolltreppen eine neue Architektur im urbanen Außenraum. Diese wurden so zu Blickfängern und zum Aufwerter für die gesamte Umgebung. Auch das archäologische Museum als Gebäude ist ebenfalls einmalig. Über dem Flachdach durchziehen Lichtfänger die Geschoße und verstärken den Blick auf die Schatullen, Skulpturen und auf die Wände mit schwarzem Holz. Gegen Abend Rückfahrt zu unserem Hotel in San Sebastian. Am nächsten Morgen check out und Weiterfahrt in das eineinhalb Stunden entfernte Bilbao. Der Bus legte einen Zwischenstopp am Aussichtspunkt Artxanda ein. Dort wimmelte es von Touristen, was uns aber nicht daran hinderte, mit viel Zeit einen weiten Blick auf Bilbao werfen zu können. Der deutsche hier lebende Führer erzählte uns im Angesicht der Stadt die spannende Geschichte von Bilbao und der Region nach dem Rückgang der Kohle-und Stahlepoche. Bilbao wirbt im Internet mit kernigen Sätzen wie: Von der hässlichen Industriestadt zur innovativen Kulturmetropole. Bilbao ist in der Größe vergleichbar mit Städten des Ruhrpotts etwa Essen und Dortmund. Es wurde nach dem Rückgang dieser Epoche ab 1970 in die Zukunft geschaut und in den 90er Jahren eine Zukunftsstadt mit modernen Bauten neben alten Museen und Bürgerhäusern errichtet. Das Tempo der Veränderung verlangt Bewunderung. Die Altstadt wutrde so eine gelungene Mischung aus alt und neu. Die verwinkelten Gassen der Altstadt besonders die Siete Calles bilden den historischen Ursprung. Die gotische Kathedrale aus dem 14. Jahrhundert wurde als Pilgerkirche auf der Küstenroute des Jakobsweges errichtet und ist von der französischen Gotik beeinflusst. Auch die Basilika Begonia aus dem 16. Jahrhundert weist wegen der hundert Jahre dauernden Bauzeit gotische französisch gefärbte Elemente auf. Zu den größten Attraktionen zählt die Schwebefähre Puente de Vizcaya, die zwei Stadtteile zu beiden Seiten des Flusses Nervion verbindet. Die größte Markthalle Europas, die Mercado de la Ribera ist ein weiteres einzigartiges Baudenkmal. In der Altstadt trifft man auch mehrere alte Museen z.b. das Industriemuseum, das Seefahrtsmuseum und das ethnographische Museum, das die Geschichte des Baskenlandes zeigt und das Museum der schönen Künste zu bewundern. Das neue Bilbao beginnt ab 1990. Preisgekrönt sind z.b. das Metrosystem und das Bahnhofgebäude aus Stahl, Glas und Beton. Wie ein Wunderwerk wirkt die Stadtbrücke Zubizuri, die 1997 vom Star- Architekten Santiago Calatrava in Form eines Segels errichtet wurde. Ebenso 1997 wurde das berühmte Guggenheim Museum vom amerikanischen Architekten Frank-O. Gehry vollendet. Das Bauwerk aus Glas, Titan und Kalkstein gilt als eines der bedeutendsten Werke avantgardistischer Architektur des 20. Jahrhunderts. Die darin aufbewahrten Malereien aus der modernen und zeitgenössischen Kunstperiode kann man in vielen anderen größeren Städten bewundern. Die Eindrücke vom letzten Tag in Bilbao hinterließen einen tiefen und bleibenden Eindruck, was ich auch in den Gesichtern der Mitreisenden zu sehen glaubte. Ich fand jedenfalls - wir alle stiegen zufrieden und glücklich in den Flieger nach Frankfurt. Eine Reise schon bald mit Wiederkehr?

11. Chile das Land meiner Träume?

Ich wachte plötzlich auf und glaubte, es wäre mitten in der Nacht. Meine Uhr zeigte aber schon 05.00. Warum das? Ach ja! Ich hatte gerade von Valparaiso in Chile geträumt und vor mir eine große Bahnhofsuhr gesehen. Dort war es in der Tat erst eine Stunde nach Mitternacht. Seit Tagen träumte ich von diesem Land, nachdem ich im Fernsehsender Arte eine Reportage darüber gesehen hatte. Es blieb mir keine Wahl. Ich musste einfach mit meiner Frau dorthin fliegen. Halt die letzten Euros zusammengekratzt. Wir hatten eine Gruppenreise gebucht. Dreizehn Leute, von denen aber neun erst zwei Tage nach unserer Ankunft anreisen sollten. Am 27.12.2017 war es soweit. Die Maschine hob in Frankfurt ab und landete in Madrid und von dort aus nach dreizehn Stunden in Santiago de Chile. In Frankfurt waren wir in dicke Mäntel gehüllt und froren trotzdem. In Santiago reichte mir eine leichte schicke Leinenjacke.

Die Landung war am frühen Vormittag. Es war wie im Internet unter Wetter beschrieben, leicht dunstig. Die Anden konnte man nur ahnen. Doch ich gab die Hoffnung nicht auf und erhaschte dann doch noch einen Sekundenblick auf die schneebedeckten Berge. Es schien so, als ob das Panorama nur mit mir hatte spielen wollen. Meine Frau hatte schon den Wintermantel abgelegt. Mit einer hellen Bluse bekleidet, lächelte sie entspannt bei einem Selfy im Flughafengebäude. Der erste Eindruck zeigte uns offensichtlich, die richtige Entscheidung getroffen zu haben. Sommer statt Winter in Deutschland. Doch auch Überraschungen durften nicht fehlen und zwar gleich nach der Landung. Der Guide vom Reiseveranstalter war am Flughafen nicht erschienen oder nicht auszumachen. Waren wir in diesem fernen Land vergessen worden? Wir standen zwanzig Minuten fragend, verloren und nicht abgeholt herum: Wir vier einer kleinen Abenteurergruppe aus Germany von dreizehn Personen nach insgesamt achtzehn Stunden Flug! Als wir schon ein Taxi rufen wollten, um zum Hotel zu kommen, sprach uns ein Mann an, ob wir denn zur Reisegruppe Marco Polo gehören würden? Er trug keine Tafel des Reiseveranstalters bei sich und hatte auch kein Namensschildchen am Revers seiner Jacke. Er war einfach ein unauffälliger vierzigjähriger schlanker schwarzhaariger leicht gelockter, aber auch ein wenig hochnäsiger Macho mit einem schicken Hemd und einem unverbindlichen Lächeln. Auch wir konnten jetzt wieder entspannt lächeln und marschierten mit dem Gepäck einen Kilometer weit hinter dem schnell voraneilenden Mann her. Alles war jetzt wieder richtig und gut-kein fake: Wir sahen das Schild des Reiseveranstalters an der Frontscheibe des Busses und kamen schließlich sogar im richtigen Hotel an. Ein schönes komfortables Hotel mit viel Platz, Licht und WLAN. Wir konnten so über das Internet erfahren, dass abends jeweils um 20.00 im Theater ein Ballet aufgeführt wurde. Da bestellten wir doch gleich Karten. Schließlich waren wir als Stuttgarter informiert, dass unsere berühmte Prima Ballerina Marcia Haydee die Muse des berühmten leider zu früh verstorbenen Cranco vom Opernhaus Stuttgart - im Juni 2017 80 Jahre alt geworden- Direktorin des Balletts de Santiago ist. Den Abend darauf machten wir zum Balletttraum. Gespielt und getanzt wurde der Nussknacker von Tschaikowsky zur gleichen Zeit wie übrigens auch in Moskau, Berlin und Dresden. Wenn schon denn schon - dachten wir: Wir sind halt doch moderne Weltbürger. Diesmal zufällig in Santiago de Chile! Auch wenn die Hayde`e nicht an diesem Abend auftrat, waren wir berührt und begeistert. Wir genossen die Atmosphäre im 161 Jahre alten Teatro municipal de Santiago.

Dass wir in Santiago die magische Liebesgeschichte der Marie mit dem hässlichen Nussknacker ursprünglich erzählt von E.T. H. Hoffmann vor Augen geführt bekamen, war schräg und schön zugleich. Wer weiß-vielleicht gibt es ja in Chile für uns noch viele Nüsse oder Abenteuer zu knacken. Wir brauchen dabei nicht dem bösen Mäusekönig vom Nussknacker begegnen. Eine Reise ist ja immer ein Abenteuer - mit Fantasie auch ein Märchen. Im Laufe der Reise erfuhren wir historische und magische auch Horrorgeschichten wie die Versklavung der Ureinwohner, die sich auch heute noch in Einzelübergriffen auf grausame Weise an den Landnehmern rächen. Bevor die anderen Teilnehmer eintrafen, fuhren wir ins nahe gelegene Valparaiso am Pazifik, eine historische Stadt am Meer. Sie liegt an steilen Hängen, umgeben von 40 Hügeln. Seit 2003 Weltkulturerbe. Je höher man steigt und mit einer der Seilbahnen fährt, desto malerischer sind die Häuser. Bunte Bilder zieren die Hausmauern. Kinder mit freundlichen und lachenden Gesichtern spielten in den schmalen Straßen und winkten uns zu. Von den Feuerbrünsten im April 2014 mit 14 Toten und weiteren Verletzten bei einem Feuer anfangs 2017 ist nichts mehr zu sehen. Wovon leben die Familien? Angeblich vom Tourismus. Deshalb wurde mit staatlicher Hilfe die Stadt wieder aufgebaut. Zahlen existieren offiziell nicht. Man sieht aber keine Armut mit sitzenden Bettlern wie in vielen deutschen Städten-nicht nur in Stuttgart. Auf einem der Hügel ist ein Museum im Haus des Pablo Neruda zu bewundern. Es ist eine Attraktion, an der kein Tourist, der Dichtung und Sprache wahrzunehmen vermag, vorbei kommt. Ein Dichter, der 1973 12 Tage nach der Ermordung seines Freundes- des sozialistischen Präsidenten Allende und der militärischen Machtergreifung des Diktators Pinochet unter mysteriösen Umständen starb. Selbst seine spätere Exhumierung und internationale forensische Untersuchung 2013 auf Giftrückstände –Gift vom Geheimdienst war man ja schon von Russland gewohnt- brachte keine Gewissheit. Wahrscheinlich starb Neruda am gebrochenen Herzen – Tako Tsubo Syndrom nennen das die Medizinexperten. Diesen Tod gibt es angeblich nur bei Frauen. Er wird sich wohl vor dem Tod noch schnell in eine Frau verwandelt haben. Für ihn war der Schmerz über das Böse des Pinochet-Regimes konkret die Grausamkeit der Faschisten oft Gegenstand seiner Dichtung, seiner Reden und Essays. Als unter dem Franko-Regime 1936 sein guter Freund Federico Marcia Lorca unter den Kugeln der spanischen Faschisten starb, hielt er 1937 in Paris eine Rede, die mit dem Satz schloss: „Wir werden dieses Verbrechen weder vergessen noch verzeihen können. Niemals!"

Diese Worte stammen von einem Menschen, der das Leben, die Frauen und den Genuss liebte und auch vieles verzeihen konnte und dem die intellektuellen und selbstbewussten Frauen um ihn herum vieles verziehen. In der Villa zum Museum umgestaltet sieht man die Utensilien der Kontakte mit Nerudas Freunden/innen. Sein Schreibzimmer mit alter Schreibmaschine, die Urkunden an der Wand, die Neruda als Diplomat und Botschafter auswiesen, die Gemälde und Portraits, die Küche mit einem immer noch gut gefüllten Whiskyschrank, der Schminktisch seiner vierten Ehefrau Matilde widerspiegeln den gutbürgerlichen Lebensstil des Kommunisten. Seine erste Frau- und das ist ein hässlicher Fleck in seinem Leben- hatte er in den von den Nazis besetzten Niederlanden zusammen mit der kranken Tochter zurück gelassen und ihr verboten, nachzuziehen. Er hätte sonst die Unterhaltszahlung eingestellt. Er hatte unzählige Geliebte, wie ein Seemann, der mit kaltem Herzen den Hafen verlässt und einer weinenden Freundin ungerührt den Rücken kehrt. Es ist die unmoralische Seite von Neruda, der zwar das Gute anstrebte, aber als Macho sich Frauen aneignete. Eine gespaltene Seele, wie das Land Chile: kommunistisch-sozialistisch, nationalistisch und neoliberal. Vom Museum aus sieht man überall auf das Meer. Ein wenig verstehe ich so auch die Freude in den Augen der Kinder auf der Straße, wenn ich vom Hügel der Villa auf den Hafen schaue. Soviel Friede jetzt - in der Vergangenheit so viel Gewalt und Kanonendonner. Im Hafen liegen auf Reede Kriegsschiffe mit Kanonen bestückt – friedlich scheinbar wie im Museum ausgestellt- und sich wie harmlose Spielzeuge präsentierend. Möwen umkreisten die Fregatten wie deren zuhause. Valparaiso ist eine Touristenstadt ergänzt und von Romantik übertroffen nur vom nahen Seebad Vina del Mar im Norden. Die alten Bauten mit zahlreichen Sehenswürdigkeiten verführten uns genauso wie die zauberhaften Strände. Zurück nach Santiago trafen wir uns mit dem Rest der Gruppe. Das Jahr ging zu Ende und die Silvesterfeier nahte. Die Stadt Santiago füllte schon am Vortag ein Hauch von Ausgelassenheit. Auf der Placa de Armas tanzten unter dem begeisterten Jubel der Zuschauer junge Frauen fast professionelle Ballettfiguren und übertrafen sich mit Rollen rückwärts wie Kunstturnerinnen im Wettkampf. Dass sie sichtbar keine Profis waren, erhöhte noch die Lust, ihnen zuzuschauen und zu klatschen. Mich erinnerten die Bilder an die Tänze im Circo national de Cuba oder im Cabaret Tropicana in Havanna, wobei die Körper der Cubanerinnen sich allerdings weitaus erotischer und runder drehten – sich wie im Rausch abhoben. Die Silvesternacht mit langem Feuerwerk wurde auf der Brücke des Flusses Mapocho -jetzt fast ausgetrocknet-ausgelassen gefeiert. Im April 2016 war er bei Hochwasser über das Ufer getreten und hatte wegen der Verschmutzung im Grundwasser für Wasserknappheit gesorgt. Jetzt war nur Frohsinn und Freude zu sehen- vergessen die Tragödien. Wir alle - Chilenen und ausländische Touristen jubelten und hofften auf ein gutes Jahr 2018. Die Sorgenfalten auf manchen Gesichtern übersahen wir. Es gab keine Belästigungen der Frauen ebenso wenig wie vor zwei Jahren beim Silvesterabend in der bunten Stadt Trinidad auf Cuba, wo wir dichtgedrängt ein internationales frohes und entspanntes Silvester erlebt hatten. Dort gab es kein Feuerwerk, nur fröhliche Stimmen.

Warum passieren Belästigungen in Deutschland? Nur wegen der frustrierten jungen Muslime? Welche Rolle spielt dabei der Islam? Die Koransure 4/34, nach der angeblich Frauen den Männern untertan sein müssen?

Am nächsten Tag ging es mit dem Flugzeug nach Norden. Wir überquerten den südlichen Wendekreis-unter uns die Kupferminen und Orte anderer Bodenschätze, aus denen Chile seine Devisen abschöpft. Im Osten stachen uns über der Wolkendecke herausragend die Anden in die Augen, die Anden, die mit ihren schneebedeckten Gipfeln über 6000 Meter empor ragen. Der Zielort San Pedro de Atacama in der unendlichen Salzwüste, die sich vom Pazifik bis zu den Anden erstreckt, versetzte uns in Atemlosigkeit nicht etwa wegen der Höhe, sondern wegen der bizarren zerklüfteten und in der Welt einmaligen Salzlandschaft. Wir warteten auf den Sonnenuntergang. Die Kälte konnte uns nicht davon abhalten, fasziniert auszuharren, bis die orangefarbene untergehende Sonne den Himmel mit grotesken Wolkenfiguren in bunte Kunstgemälde verwandelte. Wortlos und fast demütig fuhren wir zum Hotel zurück.

Am nächsten Tag ging es mit dem Bus zur Salar de Atacama, der 3200 qkm ausgedehnten Salzpfanne, in der sich die 50 qkm große Laguna de Chaxa befindet. Sie liegt im Nationalpark Los Flamencos. Auch hier hat die Natur Künstlerhände angenommen und skurrile Salzlehmfelsen - Verkrustungen geschaffen. Hier stolzieren die Anden-Flamingos mit dem Kopf unter Wasser und locken so mit den Füßen tanzend die kleine Krebse und Algen an. Am nächsten Morgen schon ging es ganz früh 90 km weiter nach Norden zur abflusslosen Hochebene des Altiplano und zum Geysir Feld El Tazio. Die unterirdische Pazifikplatte kollidiert dort mit der Kontinentalkruste, bildet unterirdische Lava und erhitzt so die Grundwasserströme, die so als bis ein Meter hohe Geysire in den kalten Morgen aufschießen und noch höhere Wasserdampfsäulen erzeugen. Wehe wenn du in ein Wasserloch trittst und untergehst. Eine neugierige Norwegerin tat dies und war zu 90 % verbrüht. Sie starb trotz ärztlicher Bemühungen. Seitdem wurden die brühenden Pfützen umzäunt. Ich fühlte mich in dieser bizarren Gegend wie in einer anderen ja magischen Welt. Die eiskalte Luft und die heißen Dämpfe- immer wieder diese Gegensätze: Einsame Mondlandschaft und Touristenströme in einem unwirklichen Paradies. Auch den Menschen merkte man das durch die seltsame Landschaft berührt sein an. Es wurde wenig gesprochen. Es sprachen nur offensichtlich faszinierte Augen. Auch ich schaute meiner Frau in die glänzenden Augen, fühlte ihre Hände und hielt sie, wie wenn ich sie schützen müsste. Am frühen Nachmittag ging es in eine Kakteenlandschaft mit schmalem Taleinschnitt und einem steilen Trecking-Pfad auf wackligen Steinen. In der Mitte des Tals zwischen zerklüfteten Felsen ein Bach. An seinem Ende ein kleiner klarer warmer Tümpel. Da stiegen unsere Damen hinein und ließen sich zwischen den romantischen Felstrümmern ablichten und filmen. Leider verletzten sich zwei Begleiterinnen durch ausrutschen auf dem Geröllpfad. Eine Schulterverletzung unklaren Ausmaßes und eine Unterarmfraktur. Sie machten tapfer weiter. Weiter ging es in den Bergen rings um San Pedro de Atacama. Ein Foto zeigt uns auf 4409 Meter bei strahlendem Sonnenschein. Sogar unsere Lippen sind noch rot und nicht zyanotisch-blau. Eine Sauerstoffmessung zeigte einen Wert um 91% -wir waren schon Höhen angepasst. Auf dem Weg zum Hotel in Calama dem Hauptort der Salzwüste und einer Stadt des Widerstands gegen Pinochet stand eine schlichte Gedenkstätte. Sie erinnert an die 34 Oppositionellen, die von Pinochets Soldaten erschossen wurden. Die Leichen wurden an unbekannte Orte verschleppt verscharrt. Solche Vorkommnisse gab es auch in Bolivien und zuletzt in Mexiko 2015. Dort waren 43 protestierende Studenten von der örtlichen Polizei im Auftrag des Sicherheitschefs von Iguala und dessen Bürgermeister Jose` Obarca entführt, getötet und verbrannt worden. Die Angehörigen wissen bis heute nicht, ob die auf einer Müllhalde gefundenen Überreste die ihrer Söhne sind. Ein Teufelswerk der mächtigen Militärjunten überall in der Welt. Immer wenn ich von diesen Tragödien höre, denke ich an Deutschland und das Glück, dass wir wohl diese grausamen unberechenbaren Zeiten hinter uns lassen konnten. Nie mehr Hitler und ein Verbrecherregime! Südamerika hingegen ist noch nicht gefeit gegen solche Zeiten der Angst und des Unrechts. Beim Blick zurück zu den Erinnerungen und Erlebnissen im Norden Chiles überwiegen trotzdem die berührenden Bilder der einmaligen Felslandschaft und der Atacama- Wüste, der trockensten Wüste der Welt und wahrscheinlich auch der schönsten. Wir flogen zurück nach Santiago, wo die Begleiterin mit der Unterarmfraktur in der Ambulanz eines Krankenhauses versorgt wurde-notdürftig und mit langen Wartezeiten. Eine Gute hält es aus. Sie war tapfer und blieb gut gelaunt. Bevor es nach Süden ging, gab es noch eine Exkursion in der Stadt. Wir vier Freunde erkundeten den Park mit Museum und suchten uns ein Restaurant. Wir fanden ein kleines mit heimischer Küche und moderaten Preisen. Auf der Wanderung lagen in der Hitze überall müde und schlafende Hunde. Ich entdeckte zwei mit merkwürdigen Zuckungen an den Vorderbeinen, die an eine Epilepsie erinnerten. Hatten sie einen Hitzschlag erlitten? Als ich einen Wärter am Parkeingang darauf ansprach, wusste er keine Erklärung und zuckte nur mit den Achseln. Ich bin kein Veterinär und konnte auch nicht helfen. Ich bat den Herrn nur, dem Hund einen Becher Wasser hinzustellen. Als ich dem Hund beim Abschied zunickte, machte der kurz die Augen auf. Am frühen Nachmittag ging es mit einem Airbus A321 nach Puerto Montt im Süden. Dies ist die Hauptstadt des Seenlandes: Regio'n de los Lagos. Zwei Tage durften wir die Region erkunden. Am Hafen stieß ich auf ein Bronzedenkmal, das deutsche Einwanderer zeigt. Gegenüber ein Cafe mit dem Namen Dresden. Nach der Deutschen Revolution 1848/49 – so erfuhr ich später, waren viele Deutsche vorwiegend Handwerker und Bauern hierher ausgewandert. Die Auswanderungswelle dauerte bis 1875. Bis zu diesem Jahr waren 400 Familien angekommen. Sie waren willkommen und erhielten von der Regierung Chiles Nahrungsmittel, Kühe, Ochsen, Holzschindeln aus Alerceholz und Baunägel. Das Alerceholz wird aus besonderen nur dort wachsenden Koniferenbäumen gewonnen. Das Holz ist sehr dauerhaft, obwohl es weich ist. Die Farbe ist wegen des Eisengehaltes rot. Der Baum wächst bis 30 Meter hoch und hat einen Durchmesser von vier Meter. Den Bauern war das Land billig abgegeben worden: der Hektar kostete nur einen Peso. Das entsprach damals dem Wert einer chilenischen Silbermünze. Die Siedler enttäuschten die chilenische Regierung nicht und bauten die Stadt innerhalb von ein paar Jahren auf. Viele Konditoreien mit original deutschen Tortenrezepten geben einen beispielhaften Einblick auf urdeutsche Genusskultur. Man weist auch heute noch stolz auf das Sigel: Tradition Alemana hin. Wir konnten aus zwanzig verschiedenen Kuchen-und Tortensorten auswählen. Nur der Espresso war italienisch. Damals waren alle Häuser und auch die Kathedrale aus dem Alerceholz gebaut. Die Stadt lebt heute neben dem Tourismus vom Fischfang, der Landwirtschaft und von den Produkten der Handwerker einschließlich der

Kunsthandwerker. Neben dem Hafen gibt es einen riesigen Fischmarkt. Daran anschießend stehen die Holzläden des Handwerkermarktes. Hier bekommt man alles: Neben Getränken einschließlich Wein alle Lebensmittel aus der Landwirtschaft und den Bäckereien, Textilien, Schnitzereien, Lederwaren auch Schmuck und Postkarten. Hier findet man noch ursprüngliche Ecken. Von hier gehen auch die Fähren ab. Der Reiseveranstalter hatte aber die Weiterfahrt mit Schiffen nicht vorgesehen. Schade - als alter Seemann hätte ich gerne mich von den Wellen schaukeln lassen und mit dem Fernglas verträumte Blicke auf die schneebedeckten erloschenen Vulkane Osorno, Calbuco und Puntiagudo - Cordon geworfen. So stiegen wir in die Busse und fuhren nach Puerto Varas und erlebten dort auf Wanderungen wilde Wasserfälle und sahen auch hier auf die schneebedeckten Berge. Als wir aus dem Bus stiegen, traute ich meinen Augen nicht. Ein Holzsteg führte auf den See, daneben historische Holzbauten. Es sah fast wie auf Usedom aus. Wir wandelten auf der Uferstraße und stießen auf Gebäude wie Collegio Alema'n, auf deutsche Cafe's und auf eine evangelisch-lutherische Kirche, wie sie auch in Mecklenburg-Vorpommern stehen könnte. Auch hier also Überbleibsel der Einwanderungswelle nach 1848. Von Bremerhaven ging es damals nach Südamerika in ein neues freieres Leben fern von den Restriktionen des obrigkeitsstaatlichen Kaiserreiches. Die deutschen Namen an den Häusern sind geblieben: Wöhlke, von Bischofshausen, Richter, Klocker, Winkler - nur stand am Hausschild nicht Haus Winkler oder Villa Richter, sondern casa Richter. Zurück nach Puerto Montt. Dort mit dem Flugzeug ins südlich gelegene dem Feuerland nahe Punta Arenas. Endlich blieben uns einige Tage, um uns in die Landschaft zu verlieben. Wir konnten den Nationalpark Torres del Paine besuchen. Der Bus dorthin hielt mehrmals an, um die grasenden Lamas und Guanakos bestaunen zu können. Am Horizont die Torres del Paine, die an die Sellatürme der Dolomiten erinnern. Majestätisch kreisten über der Graslandschaft die riesigen Anden - Kondore und die Geier. Am schönsten waren aber die Wanderungen zu den wilden Wasserfällen und zu den Ausläufern der Gletscher, die sich auch hier mit zunehmender Geschwindigkeit immer mehr zurückziehen, wie die Guides betonten. Der Regen machte uns unter den Schirmen nichts aus. Wir besuchten danach auch eine Schaffarm und erlebten den Alltag der Bauern und Gutsherren, die die kostbaren Felle verkaufen. Die Landschaft ist einmalig am Rande der Antarktis und noch im Grünen. Der pazifische und atlantische Ozean reichen sich in der Meerenge die Hand. Die zweistündige Flugreise von Puerto Montt nach Punta Arenas im Süden hatte sich wirklich gelohnt. Vor uns lag eine zauberhafte abgelegene Landschaft mit Ausflügen. Allerdings waren uns in dem getakteten Programm keine Tagestouren zu den torres del paine gegönnt. Es wären dann allerdings Touren von 14 Stunden Dauer gewesen. Wir hatten weder die passende Ausrüstung noch die nötige Kondition wenigstens nur ein Teil von uns. So blieben wir auf der Ebene und sahen die torres von der Ferne an. Auf kleinen Wanderungen trafen wir auf Ziegen und Rennpferde. Sie grasten gemeinsam auf der fruchtbaren landschaftlichen Ebene. Die Chefin eines Pferdegehöfts zeigte uns stolz die Herde mit Pferden, die auf Tournieren als Sieger hervorgegangen waren. Sie zeigte uns die Siegerwimpel und führte uns dann hinaus in eine blumengeschmückte Landschaft vor dem Gehöft. Gelbe und rosarote Limonen und Rosen ja sogar Enziane umrahmten die mit Holzlatten umzäunten Gärten. Die Nutzpflanzen darin waren noch nicht reif gediehen und duckten sich verschämt ob ihrer ästhetischen Bedeutungslosigkeit. Ich dachte an meinen Sohn den Landschaftsarchitekten, der die Pracht der botanischen Wunder in den Synapsen speichern würde, um sie dann auch in der Schweiz zu generieren. In der Nähe nordwestlich von Punta Arenas liegt das Städtchen Puerto Natales mit 20.000 Einwohnern. Es erinnert an bunte Städte in Nordnorwegen oder Island. Dabei kam mir der Gedanke: Das nächste Mal würde ich gerne 10 Tage in der Region bleiben und alpine Wanderungen mit Schiffstouren zu Wasserfällen und Gletschern unternehmen. Ich würde dann in einem Tagebuch alles -auch geheime lyrische Gedanken aufzeichnen und so ein genaueres oder zumindest authentischeres Abbild der Abenteuer dokumentieren. Das Alter würde mich nicht daran hindern. In solcher Umgebung zu sterben wäre vielleicht sogar ein passender Abschluss. Sorry nur Spaß. Die letzte Woche unserer Reise war angebrochen. Ich muss gestehen, dass ich ohne die Osterinseln besuchen zu können, nicht nach Chile gereist wäre. Diese aufzusuchen oder zu ergründen, stellte für mich der Höhepunkt dar. Solche Vorausfreuden enden aber manchmal in Enttäuschung. Das ist wie in der Liebe. Nach einer kurzen Zwischenstation in Santiago bestiegen wir eine Boeing 787 der Latam Airlines. Die Flugzeit von 3,5 Stunden habe ich nicht erwartet. Aber die Osterinsel von den Ureinwohnern Rapa Nui genannt, liegt immerhin 3750 km von Santiago entfernt. Eine junge schlanke und hübsche Dame begrüßte uns mit Blumencolliers. Wir traten mit Blumen verziert auf die Insel. Die Reisebegleiterin Elisa Simon sah wie eine Ureinwohnerin aus, stellte sich aber als eine echte Bremerin mit teilweise chilenischen Wurzeln heraus. Sie sagte, dass sie seit zwanzig Jahren hier sei und –so wörtlich- mit einem „Wilden" verheiratet sei. Das hat wohl abgefärbt. Sie stellte sich als die beste Reiseführerin auf unserer gesamten Reise heraus mit profunden gesellschaftlichen Kenntnissen auch der Geschichte der Insel und der aktuellen politischen Strömungen. Sie führte uns zum Hotel mit einem schönen Restaurant und einem üppigen Blumengarten, der jeden Landschaftsarchitekten begeistert hätte. Die meisten Pflanzen auf Rapa Nui sind aus den subtropischen Gegenden von Polynesien eingeführt worden. Die Pflanzenarten-ärmste Insel hatte nur vor Jahrhunderten riesige Palmenwälder, die fast vollständig ausgerottet wurden. Man dachte zuerst, dass die Ureinwohner aus Gier nach dem Holz und weil sie die Stämme zum transportieren der riesigen Steinfiguren genannt Moai brauchten, die Ökologie zerstört hatten. Jetzt weiß man aus genetischen Forschungen, dass die geschätzt drei Millionen Ratten aus Polynesien einschleppt, durch auffressen der Samen die Palmenwälder mit zerstört hatten. Die Ratten waren hier Weltmeister der Vermehrung, weil die natürlichen Feinde fehlten. Alle sieben Wochen schlüpfen Ratten-Babies, sodass ein Pärchen theoretisch ohne Sterben der Jungtiere nach drei Jahren 17 Millionen Nachfolger haben konnten. Eine Verrattung einer isolierten Welt hatte begonnen! Allerdings trug auch die trockene und kalte Luft zum Ökokollaps bei. Die Ratten müssen jetzt fast alle wieder ausgerottet worden sein. Wir sahen nicht eine einzige davon huschen oder waren sie Meister im verstecken? In den letzten 150 Jahren wurden viele Pflanzen wieder eingeführt. Allerdings ist die Bodenbeschaffenheit nicht üppig, sondern ausgelaugt, sodass nur kleine intensiv bewirtschaftete Bereiche eine künstliche Pflanzenvielfalt mit eingeführten Pflanzen aufweisen. Ab 1970 wurden vor allem Eukalyptusbäume gepflanzt, intensiver erst ab 1979. Die wenigen genuinen Bodendecker werden immer noch durch die Schafzucht weiter dezimiert. Immerhin konnten einige Farnarten einschließlich der Farnbäume überleben und sich vermehren. Ehrgeizige botanische Forscher und Genetiker fänden hier ein Paradies, das wieder zu reaktivieren eine Lebensaufgabe wäre. Das bräuchte aber schon sehr spezielle Menschen mit Elan, ähnlich unserer wunderbaren Reisebegleiterin. Auch nach den zu erwartenden Forschungsergebnissen blieben noch viele Rätzel um Rapa Nui ungeklärt. Unsere Bremerin führte uns durch Hanga Roa, dem Hauptort. Der Tourismus scheint zu blühen aber auch die örtliche Kunst und Bildhauerei. Sie zeigte uns die besten Restaurants und die sich das Land angeeignet habenden Hotelketten hinter hohen Zäunen. Die Hotelzäune waren mit anklagenden Worten und Sätzen besprüht: Hotel Pirata und fascista. Immer wieder tauchen auch Zeichnungen auf mit Panzern und dem Namen Pinera - dem chilenischen Milliardär, Großunternehmer und 2017 zum zweiten Mal zum Präsidenten von Chile gewählten Mann. Bis dahin war eine liberale und geachtete Staatspräsidentin Michelle Bachelet im Amt. 2015 wurde sie von Hannelore Kraft und deutschen Wirtschaftsvertretern besucht. Die Osterinsel wird immer noch vom 3750 km entferntem Festland Chile regiert. Und jetzt passierte schon wieder ein Rechtsrutsch aus einer Mitte Links Vorgänger-

Regierung unter einer Frau, die den Rapa Nui Ureinwohnern Land zurück gegeben hatte und von europäischen Politikern geachtet wurde. Von wegen neoliberale Regierung, wie uns der Guide aus Santiago weismachen wollte. Ich sah sein blass werdendes Gesicht, nachdem ich ihn im Bus nach der sozialen Ausrichtung der jetzigen Regierung gefragt hatte. Er traute wohl dem Busfahrer nicht und glaubte, dass der ihn als Revolutionär anschwärzen könnte. Doch zurück nach Hanga Roa. Glücklicherweise wohnten wir nicht in so einem durch Landraub entstandenen Hotel. Es herrsche- so erklärte uns die Reiseführerin- immer noch große Wut unter den enteigneten Ureinwohnern der Osterinsel, was nicht nur im Besprühen von Wänden zum Ausdruck kommt. Wir vier Freunde suchten uns für das abendliche Dinner ein eigenes Restaurant nahe am Meer aus. Vor unseren Blicken eine Reihe der geheimnisvollen Steinstatuen der Moai. Auf dem Meer lagen mehrere Frachter auf Reede. Ein Hafen existiert nicht auf der Insel. Wir durften mit Fischgerichten und Bier schwelgen. Die Fotos an diesem Abend zeigen die sehr zufriedenen Gesichter unserer Damen. Sie scheinen sich über die Verwöhnung gefreut zu haben. Am nächsten Morgen ging es ins Innere der Insel. Wir sahen Höhlen, wo die Bewohner früher gewohnt hatten. Nur noch wenige umgestürzte Skulpturen waren zu sehen. Warum waren sie umgestürzt worden? Die wahrscheinlichste Version ist das verheerende Wüten von Sklavenhändlern und Religionsfanatiker im 19. Jahrhundert. Die Ureinwohner waren den Verbrechern schutzlos ausgeliefert, wurden versklavt nach Peru entführt. Ihre Kultur sollte ausgelöscht werden. Auch die ersten Missionare vernichteten die alten Schriftzeichen und andere religiösen Kulturgüter, die sie als Götzenverehrung bezeichneten. Das Christentum war damals grausam, kriegerisch und machtorientiert. Als 1888 sich die Ureinwohner unter den Schutz Chiles stellten, brachte dies für kurze Zeit nur wenig Schutz und Selbständigkeit. Schon sieben Jahre später wurde die Insel vom chilenischen Staat an den milliardenschweren Großgrundbesitzer und Schafzüchter E. Merlet verpachtet, der alle Ureinwohner entrechten ließ und den Hauptort Hanga Roa einzäunen ließ. Das Land wurde einfach von den Mächtigen in Besitz genommen. Jahrhunderte zuvor herrschten bei knapper werdenden Ressourcen und Holz außerdem noch ständige Stammeskriege. Die Moai Kultur mit den tonnenschweren Steinfiguren ging auch deshalb zu Ende, weil diese nicht mehr von den Steinbrüchen auf Palmstämmen an die Ufer des Meeres transportiert werden konnten. Dies hatte schon im 16. Jahrhundert. Zu dieser Zeit entstand der Vogelmannskult als ein neues mystisches Geheimnis. Der Vogelmann – eine Mischung aus Mensch und Fregattvogel wurde jährlich neu gekürt. Wer im Frühjahr am schnellsten die senkrechten Klippen hinabstieg, in das Wasser sprang und auf einer kleinen Insel gegenüber ein unbeschädigtes Ei der Rußseeschwalbe zurückbringen konnte, wurde zum neuen Übermenschen oder Gott gekürt.

Manche starben bei diesem Abenteuer. Der Stärkste setzte sich durch. Die Stämme kannten kein Nebeneinander mehr, sondern nur noch Gewalt und Kraft und Gegeneinander. Der Stärkste gewinnt und kann bei den knappen Ressourcen überleben. Ist es etwas, was demnächst im Rahmen der Klimakatastrophe in vielen Gegenden der Welt passieren wird? Doch zurück zu unserer Reisegruppe.

Wir hatten es zusammen schön und genossen die fremde Welt. Am zweiten Tag gingen wir sogar an den Strand und schwammen im ruhigen Meer bei 20 Grad Wassertemperatur. Am Abend besuchten wir die täglich in einer Gemeindehalle stattfindenden Tänze der örtlichen Bewohner. Auf der Bühne waren die Tanzlehrer/innen und gaben die Tanzfiguren vor. Etwa 70 junge Frauen und Männer tanzten mit hoher Intensität schwitzend zwei Stunden lang Samba-und Rumba-artige Tänze. Man spürte die Zusammengehörig-keit dieser Menschen. Es war kein Drill zu sehen, sondern reine Lebenslust. Die vielleicht harte Wirklichkeit wird abends weggetanzt und weggelacht. Ich jedenfalls nahm einen Hauch dieser ansteckenden Lebensart und – Lust mit nach Hause in meine geordnete und sichere nicht immer so lustige bürgerliche Welt. Am nächsten Tag stiegen wir in unser Flugzeug und flogen zurück nach Santiago. Dort besuchten wir im Norden der Stadt ein Weingut und ein wunderschönes Museum, das einen Einblick in die frühere Kultur und Kunst der Ureinwohner der Mapuche gab. Den Besuch des Museums haben wir uns erstreiten müssen, da die katastrophal einsilbige und nicht so sympathische Reiseführerin uns nur im Weingut halten wollte - Provisionsgründe?? Nach der vorbildlichen und empathischen Reiseführerin auf der Osterinsel ertrugen wir diesen Wehrmutstropfen mit philosophischer Gelassenheit und gingen einfach mit einem Lächeln auf eigene Faust ins Museum nebenan. Man kann halt nicht immer nur so grandiose Reiseführer wie die Elisa Simon von der Osterinsel haben. Letztendlich hatten wir – wenn es darauf ankam, auch mal unseren Willen durchgesetzt. Der Rückflug nach Frankfurt war problemlos. Noch einige Zeit werden die

Bilder der Reise in meiner Erinnerung bleiben. " Maururu und Iorana: Danke auf ein Wiedersehen du magisches Land der Mapuche und der Rapa Nui!"

12. Der fast perfekte Mordversuch

Der Assistenzarzt Dr. Oleg Pirontow aus der Ukraine hatte Glück. Er bekam eine Assistenzarztstelle in Deutschland an der polnischen Grenze, obwohl seine Sprachkenntnisse nicht gerade befriedigend waren. Der Ärztenotstand in Deutschland war wohl der Grund dafür. Er dachte auch, dass er die Probezeit gut überstanden hätte. Der Ablauftermin kam immer näher. Sein Kollege Max aus Bayern, der ihn bisher kollegial zur Seite stand, beruhigte ihn, als Oleg ihm seine Ängste vor einer möglichen Entlassung mitteilte. Max war ein fröhliche Optimist und hatte ihn schon oft getröstet, wenn im auf und ab des Klinikalltags Oleg überfordert war: "Wir kriegen das hin, Oleg. Die brauchen dich doch hier in der Klinik." So ging er eigentlich eher entspannt zum Geschäftsführer Graf, der über seine Sekretärin einen Gesprächstermin vereinbart hatte. Der für seine Strenge bekannte Herr Graf empfing ihn mit steinerner Miene. Dafür war er aber auch bekannt, wie auch für seine Kernsätze: "Die Ökonomie muss unser ganzes Handeln bestimmen. Ich will nicht, dass wir unsere Klinik schließen müssen. "

Her Graf begann das Gespräch leise mit monotone Stimme: "Herr Pirontow setzen Sie sich. Was glauben Sie? Haben Sie die Probezeit bestanden?"

"Ich habe mich immer sehr angestrengt."

"Was nützt es, wenn Sie nur ein Kleinhirn haben. Wir brauchen gute Ärzte, nicht unterdurchschnittliche, die zwar einen erkennbaren Eifer zeigen, der aber ohne Hirn ins Leere schießt. Sie sind fristlos entlassen, wenn Sie es noch nicht begriffen haben. " Oleg starrte mit offenem Mund den Vorgesetzten an und wollte etwas darauf sagen. Es kam aber nur Gestammele heraus. Herr Graf erhöhte jetzt die Lautstärke seiner Stimme und schrie: "Stehlen Sie nicht meine kostbare Zeit. Verlassen Sie sofort mein Zimmer!" Oleg öffnete taumelnd die Tür und stieß ums Haar die Sekretärin um, die an der Tür auf Grund des Geschreis gehorcht hatte. Er drehte sich aber noch einmal um und stammelte: "Ich werde mich weiterbilden und wieder kommen." Dr.Oleg Pirontow, ein breitschultriger groß gewachsener vierzig jähriger Arzt hat sich immer schon als Opfer gesehen. Sein Vater hatte den begabteren Zwillingsbruder, bei dem alles wie von allein lief, bevorzugt behandelt. Schon in der Schule musste Oleg sich früh durchkämpfen, wenn nötig auch mit Fäusten. Seine feinmotorische Geschicklichkeit hat ihm immerhin diese chirurgische Assistentenstelle Stelle eingebracht. Obwohl er als blonder Hüne gut aussah, wirkte der Ukrainer bei Kollegen in der Klinik nicht sympathisch. Er neigte immer wieder zu impulsiven, nicht bedachten Handlungen, die er später bereute und musste zu oft am Tage "Sorry" sagen. Oleg fand nach dem Hinausschmiß eine Stelle in einer Transplantationsklinik in Moskau. Russisch sprach er perfekt. Er wurde nach zwei Jahren in die deutsche Klinik zurückgeschickt, um einen Kooperationspartner für ein Transplantationsprojekt zu finden. Als er beim Geschäftsführer mit dem Anliegen vorsprach, lachte der ihn aus: "Glauben Sie denn, dass wir mit Russen nur das Geringste zu tun haben wollen? " Nach der gescheiterten Mission blieb er noch einen Tag in der Stadt. Ob das das Richtige war? Die Wut und ein unendlicher Hass auf den Geschäftsführer ließ in ihm einen heimlichen Plan wachsen. KO-Tropfen und eine intravenöse Spritze mit Kaliumchlorid und einem muskellähmenden Substanz hatte er schon bei sich. Er war planvoll vorgegangen. Er wusste, wann die Sekretärin nach Hause ging. Er hatte gestern im Vorzimmer eine Kanne Tee gesehen. Die Türe stand offen, wenn die Sekretärin gegangen war. Oleg kippte KO Tropfen in die Kanne. Hinter einer Säule konnte er sehen, dass der Geschäftsführer die Tasse abfüllte. Er blieb noch zehn Minuten versteckt stehen, wohl wissend, dass die Wirkung der Tropfen nach 10 Minuten eintritt. Durchs Schlüsselloch sah er, wie sein Opfer mit dem Kopf nach vorne auf den Tisch gesunken war. Hereinstürmen und in Sekundenschnelle die Spritze mit dem Kalium und dem Muskel lähmenden Mittel in die Vene zu spritzen, war dann keine Hexerei. Dies dauerte gerade zwei Minuten. Kaum war Oleg weg, kam der Chef der Intensivstation zu einer geplanten Besprechung, was Oleg nicht wissen konnte.

Oleg Pirontow's Rache war nicht aufgegangen. Ein Mordversuch aus niedrigen Rachegelüsten und das bei einem Arzt, hinterlässt tiefe Spuren - am Tatort und in der Seele des Täters. Er war schon drei Wochen in Polen und telefonierte mit der Zentrale der Klinik unter falschem Namen. So erfuhr er, dass der Geschäftsführer lebt. Dass der Totgeglaubte lebt, gab ihm einen Stich ins Herz. Schlagartig fiel ihm jetzt erst auf, dass er beim Mordversuch einen Fehler gemacht hatte. Die Teetasse hatte er nur flüchtig abgewischt. Trotzdem konnte er sich nicht vorstellen, dass er jetzt ins Visier der Ermittler kommen könnte. Die Erinnerung daran rollte wie eine Filmszene vor seinen vor seinen Augen ab. Beim Besuch am Vortag der Tat war doch die Sekretärin nicht da gewesen? Gab es eine Videoüberwachung? Das Verwaltungsgebäude erreichte man doch nicht über die Klinikpforte. Wie beruhigend! Ein gestresster Mann wie der Geschäftsführer könnte doch auch jederzeit einen spontanen Herzstillstand bekommen, beruhigte er sich. Der Mordversuch ließ ihn aber nicht los. Nach der Tat hatte er die polnische Grenze bei Frankfurt/Oder überquert und mit seinem Kleinwagen nach Norden gefahren. Über Danzig war er nach Kaliningrad gelangt. Von da überquerte er nach Süden fahrend zum zweiten Mal die Grenze nach Polen. Nach Moskau an seine Klinik wollte er nicht zurück. Zu riskant. Später vertraute er seinem Bruder per Telefon mit, dass er nicht sicher war, doch verdächtigt zu werden, weil er jedes Mal Herzklopfen bekäme, wenn er an die Teetasse mit den KO Tropfen dachte. Wie könnte aber auch noch so schlauer Kommissar auf ihn als Verdächtigen kommen? Umso erstaunter war er, als er eine Woche später einen Anruf von seinem Bruder bekam, der in Frankfurt/Main auf einem internationalen Kongress war. Der Bruder erzählte ihm, dass ihn ein deutscher Kommissar in Beisein einer ukrainischen Kollegin angesprochen hätte, ob er wisse, wo sein Bruder sei. Das scheinbar schier unwahrscheinliche war eingetreten: Nach Oleg wurde offiziell gefahndet. Wie war das möglich? Die Routineaufklärung läuft immer über die Nachforschung nach Angehörigen. Zuerst war aufgefallen, dass im Blut des wiederbelebten Geschäftsführers extrem hohe Kaliumwerte waren.

Schließlich konnte in der Neurorehabilitation der sichere Zusammenhang mit dem vorzeitig entlassenen Arzt hergestellt werden.

Eine kriminalistische Großtat in Zusammenarbeit mit modernen neuropsychologischen Methoden der Gesichter - Erkennung selbst nach Betäubungstropfen. Nachdem die Fingerabdrücke auf der Teetasse verglichen mit den Abdrücken entlassener Ärzte auf den Personalakten auf den entlassenen ukrainischen Arzt hingedeutet hatten, planten der Chefarzt der Rehaklinik und der Kommissar eine Videovorführung von verschiedenen Ärzten mit Spritzen in der Hand. Es war ein leichtes, aus dem Bewerbungsfoto des verdächtigen Arztes eine Maske des Gesichts von Oleg herzustellen. Der Geschäftsführer reagierte beim Anblick des früheren Assistenzarztes mit einer Hochdruckkrise und mit Angstschreien. Danach lief die Fahndung auf Hochtouren. Oleg erfuhr von seinem Bruder Yaroslav, dass die Fahnder ihn auf der Liste der Kongressteilnehmer gesucht und gefunden hätten. Offenbar funktionierte die Zusammenarbeit zwischen der ukrainischen und der deutschen Polizei hervorragend. Nachdem sie erfahren hätten, dass sie beide Zwillingsbrüder waren, hätten sie auch noch einen Abstrich zur DNA Analyse von ihm verlangt. "Oleg versteck dich und benutze dein Handy nicht mehr. "

" Yaroslav - keine Angst- ich habe mich schon in den Masuren versteckt. Da findet mich niemand. Es ist eine geheimnisvolle Landschaft mit Seen und Sümpfen. Ich habe mein Zelt in der Nähe eines Forsthauses aufgeschlagen. Den werde ich noch kontaktieren."

"Sehr gut Oleg. Als Verdächtiger brauchst du jetzt aber Glück und viel Grips. Aus mir hat die Polizei jedenfalls nichts heraus bekommen." In den Masuren hatte sich Oleg eine Klosterkutte angezogen und, wenn man ihn ansprach, behauptet, er habe Jahre in einem Kloster in Nepal verbracht und Polen sei jetzt seine neue Heimat. Er klopfte nach dem Gespräch mit dem Bruder im Forsthaus an und bat um einen Schluck Wasser. Der Förster war wohl ein frommer Mann.

Auf Olegs Bitte breitete er nämlich seine Arme aus und sprach die salbungsvollen Worte:

"Wem durstet, dem gibt der Herr zu trinken. Den Hungrigen gibt er auch zu essen." Beim gemeinsamen Mahle sprach der Förster zu ihm: " Sie sind ein kräftiger Mann, den ich zur Unterstützung bei einer Rodung brauchen könnte." Oleg gab sein Einverständnis. Für ihn begann eine kleine Glückssträhne. Während der Arbeitszeit beim Förster in den Masuren konnte er tatsächlich an einen neuen Pass kommen. Das Forstamt und das Einwohnermeldeamt waren in der masurischen Einsamkeit eng verbunden, so dass die Formalitäten komplikationslos abgewickelt werden konnten. Mittlerweile war dem Oleg auch schon ein beachtlicher Vollbart gewachsen, der immer dichter wurde und ihn noch mehr in einen frommen Mönch verwandelte. Auf dem neuen Pass stand jetzt: Juri Kuznetow. Der falsche Mönch hatte natürlich auch dem Förster die abenteuerliche Geschichte der jahrelangen Wanderungen und Klosteraufenthalten im Himalaya Gebiet erzählt. Der Förster glaubte ihm auch eine weitere Geschichte. Er wolle in den Karpaten einen Verwandten besuchen und müsse leider bald wieder weiter ziehen. Die Fluchtwege führten schließlich den Arzt Juri durch das Seen-und Waldgebiet der Masuren nach Süden Richtung Hohe Tatra, dem höchsten Teil der Karpaten. So sein Plan. Dieses Gebirge schien ihm als Versteck geeignet. Er fuhr mit Fahrrad und Anhänger auf den anstrengenden Waldwegen nach Süden. Das Auto hatte er schon kurz nach Betreten von Polen gegen ein Fahrrad umgetauscht. Er hatte so jetzt genug Geld für alle Fälle. Unterwegs traf er eine polnische Lehrerin. Er stellte sich als Juri vor. Sie kamen schnell ins Gespräch:

" Ich heiße Sofia und will nach Auschwitz. Der Name meiner von den Nazis umgebrachten Großmutter ist dort auf einer Gedenktafel zu lesen. Ich will am Ort Ihres gewaltsamen Todes von meiner Oma Abschied nehmen."

"Darf ich Dich begleiten?"

"Ja Juri- das würde mich sehr freuen."

Warum sie sich so schnell verliebten, empfanden sie selber überraschend und wie ein Gottesgeschenk. Sie sah in ihm den starken Mann mit Bildung. Juri fühlte sich an Sofias Seite beschützt. Sie hielt auch dann noch zu ihm, nachdem er ihr seine Geschichte mit der fast Tötung des Geschäftsführers erzählt hatte. Er hatte die Geschichte nicht freiwillig erzählt. Sie hatte ihn zuvor mit einem Fahndungsfoto, das sie an einer Kreuzung ihrer Kleinstadt gesehen und fotografiert hatte, konfrontiert. Allerdings zeigte dieses Bild einen bartlosen Mann mit dem Namen Dr. Oleg Pirontow. Jetzt stand ja in seinem neuen Pass: Dr. Juri Kuznetow. Er sah auf dem Passbild schon etwas anders aus als auf dem Fahndungsfoto. Sie hatte sich entschieden, mit ihm ein glückliches Leben führen zu wollen. Wegen der polizeilichen Suche nach ihm wollte und konnte er vorerst seinen Arztberuf nicht mehr ausüben. Sein Arztausweis war ja auf den Fahndungsnamen Dr. Oleg Pirontow ausgestellt. Er bot daher seiner Freundin Sofia an, an ihrer Schule als Hausmeister zu arbeiten. Ein tiefer Absturz oder eine kluge Entscheidung? Vorerst kam nur diese Lösung in Frage. Als Entschädigung winkte ja die Liebe. Es gab zwischen ihnen eine geistige Verbundenheit und nicht nur eine Kochlöffelliebe als einzig Rührendes.

Über den Autor Prof. Dr. Herbert Seibold:

Geboren wurde er am 13.05.1942 in Landsberg/Lech. Nach dem Abitur folgte eine Reserveoffiziersausbildung bei der Marine. Nach dem Studium Ausbildung zum Facharzt für Innere Medizin. Danach Habilitation, Ernennung zum Professor und neunzehn Jahre lang Leiter der Lungenheilkunde der Universität Ulm. Im Anschluss daran bis zur Berentung fünfzehn Jahre Chefarzt für Geriatrie am Bethesda Krankenhaus in Ulm und am Kreiskrankenhaus Biberach. Danach wurde er für drei Jahre als Chefarzt der Abteilung Akutgeriatrie am Krankenhaus Eichhof bei Fulda angeworben und zwei Jahre als Chefarzt für die Akutgeriatrie der Städtischen Kliniken Mönchengladbach verpflichtet. Danach folgte die Lust am Schreiben.

Danksagung

Besonders bedanken möchte ich mich für die kritische Unterstützung meiner Frau Gitta. Danke auch an meine Tochter Maja für ihre nützlichen Korrekturanregungen. Danke besonders an meine literarisch professionelle Freundin und sehr bekannte Krimiautorin Katharina Gerwens für nützliche Korrekturen und an meinen Freund Prof. Dr. Friedemann Pfäfflin für seinen kritischen Blick auf die Kurzgeschichte vom Hochstapler wider Willen.

Zeitfracht Medien GmbH
Ferdinand-Jühlke-Straße 7
99095 Erfurt, Deutschland
produktsicherheit@kolibri360.de